Claus-Peter März · Hebräerbrief

Claus-Peter März

Hebräerbrief

Echter Verlag

CIP-Titelaufnahme der Deutschen Bibliothek

Die Neue Echter Bibel. – Würzburg : Echter Verlag
Kommentar zum Neuen Testament mit der Einheitsübersetzung /
hrsg. von Joachim Gnilka u. Rudolf Schnackenburg.
Bd. 16. März, Claus-Peter: [Hebräerbrief]. – 1989.
NE: Gnilka, Joachim [Hrsg.]; Abt.

März, Claus-Peter:
[Hebräerbrief]
Hebräerbrief / Claus-Peter März. – Würzburg : Echter Verlag, 1989.
(Die Neue Echter Bibel : Kommentar zum Neuen Testament
mit der Einheitsübersetzung ; Bd. 16)
ISBN 3-429-01213-9

Gesamtherstellung: Echter Würzburg
Fränkische Gesellschaftsdruckerei und Verlag GmbH
ISBN 3-429-01213-9

EINLEITUNG

Hebr gehört nach wie vor zu den großen Rätseln des NT: Die Hintergründe seiner Entstehung sind nicht vollends aufgehellt, seine theologische Denk- und Argumentationsweise wird sehr unterschiedlich beurteilt, die Auslegung ist weithin von gegenläufigen Anschauungen bestimmt. Dennoch kommt in der neueren Forschung immer deutlicher auch das besondere Profil dieser Schrift und das ungewöhnliche theologische Format des Vf in den Blick: Er versucht im Wandel der geschichtlichen Situation, das alte Bekenntnis neu zu sagen und legt so im Hebr ein »Muster theologischer Hermeneutik« (E. Gräßer) vor.
Diese Hinweise zeigen die Grenzen und Chancen einer Auslegung des Hebr: Sie wird auch heute noch durch viele offene Fragen belastet sein, kann aber eine ungewöhnliche und in manchen Bezügen hochaktuelle Stimme des NT zum Klingen bringen.

1. *Hebr als »Mahnrede«*

a) Unsere Schrift läuft kanonisch unter dem Titel »Hebräer*brief*«, ist aber vom literarischen Genus her *keinesfalls als Brief* einzustufen. Zwar mit einem an die Paulusbriefe erinnernden Abschluß versehen (13^{18-25}), fehlt ihr v. a. die in der Antike übliche Briefeinleitung (Präskript). Die zumeist generelle Argumentationsweise, die hohe Reflexionsstufe der Ausführungen, der kunstvolle Gesamtaufbau und die anspruchsvolle literarische Sprachgestalt weisen Hebr auch eher als Lehrschrift denn als Brief aus. Vf selbst ist zudem ganz offensichtlich darum bemüht, seine Ausführungen nicht als »Schreiben«, sondern als »Rede« zu qualifizieren (vgl. etwa 5^{11} 6^{9} 8^{1} 9^{5} 11^{32} 13^{22}) und bezeichnet die Schrift in 13^{22} als »*Mahnrede*« (gr. logos tes parakleseos). Da diese Formel in Apg 13^{15} den Lehrvortrag der jüdisch-hellenistischen Synagoge benennt, wird man Hebr am besten als »*Homilie*« oder genauer als »*zugesandte Predigt*« verstehen dürfen. Das heißt: Vf, der mit dem Hebr seinen in 13^{18-25} angekündigten Besuch bei den Adr vorbereiten will, orientiert sich für sein Schreiben offenbar bewußt am Genus der Synagogenpredigt. Er qualifiziert dieses so von vornherein als ganz von der Autorität der Schrift getragene »Lehre« und verleiht ihm schon von der Gattung her erhebliches theologisch-paränetisches Gewicht. Zugleich bringt die Form der Homilie den Hebr entschieden mit der Gemeindeversammlung in Verbindung: Er ist als gottesdienstliche Schriftauslegung der Gemeinschaft der Adr insgesamt zugeordnet, soll offenbar im Gemeindegottesdienst verlesen und von allen gemeinsam bedacht werden.
b) Wenn Vf mit dem Stichwort »Mahnrede« in 13^{22} auch seine Aus-

führungen einer bestimmten Gattung zuordnen will, so bringt er mit dieser Formel doch zugleich die innere Intention seiner Schrift zum Ausdruck (vgl. die Bedeutung der Wortgruppe »Mahnung« »mahnen« im Hebr: 3^{13} 6^{18} 10^{25} 12^{5} $13^{19.22}$): Hebr versteht sich im vollen Sinn als *seelsorglich bestimmte »Mahnrede«*; er verbindet die lehrhaften Abschnitte gezielt mit paränetischen Stücken (vgl. etwa 2^{1-4} 3^{1}–$4^{13}$$4^{14-16}$ 5^{11}–6^{20} 12^{19-31}) und will gerade mit seinen weit ausholenden christologischen Entfaltungen trösten, mahnen, warnen und ermuntern.

Vf sieht sich zu einer solchen theologisch-paränetischen »Mahnrede« durch den bedenklichen Glaubensstand der Adr veranlaßt (vgl. 2^{9} 5^{11}–6^{12} $10^{23.-25.35-39}$ $12^{3.4-11.12-17}$ 13^{17}), der seiner Meinung nach auch die Möglichkeit des Abfalls einzelner nicht völlig ausschließt (vgl. 6^{4-12} 10^{26-31} 12^{16f} auch 3^{7}–4^{13}). Er beschreibt den Glauben der Adr deshalb im Bild völliger Erschöpfung, Lähmung und Schwäche (vgl. etwa 12^{12-17}). Ihre christliche Hoffnung wird von der übermächtigen Wirklichkeit der sichtbaren Welt, die nichts von der im Bekenntnis ausgesprochenen Herrschaft Christi erkennen läßt, geradezu erdrückt (2^{5-9}). Der erhöhte Herr verliert sich so für seine Gemeinde ins Nicht-Greifbare, die Hoffnung auf die eigene Vollendung verblaßt. Wir treffen auf bekannte Erscheinungen der nachapostolischen Zeit, die wegen des Ausbleibens der Parusie und der immer bedrängender empfundenen Unanschaulichkeit des Heiles neu um die Tragfähigkeit des Glaubens besorgt sein muß.

c) Vf führt diese Lähmung des Glaubens der Adr darauf zurück, daß sie sich nicht um dessen innere Aneignung bemüht haben und so auch nicht zu einem vertieften Verständnis des Christusbekenntnisses vorangeschritten sind. Sie sind auf dem Gebiet des Glaubens in den »Kinderschuhen« steckengeblieben, begnügen sich mit »der Kost der Unmündigen« und stehen deshalb hilflos wie unverständige Kinder vor den besonderen Herausforderungen ihrer Situation (vgl. bes. 5^{11}–6^{3}). Bei dieser Verfassung nutzt es wenig, nur die »Symptome« zu kurieren, es gilt vielmehr, das Übel von der Wurzel her zu fassen. Vf beschränkt sich deshalb auch nicht auf Mahnungen, Anweisungen und Gerichtsdrohungen, sondern ist vor allem darum bemüht, seine Leser endlich zu einem tieferen Verständnis des Christusgeschehens zu führen, sie durch »Erwachsenenkost« in einem mündigen Glauben zu bestärken (6^{1f}!). Mit großem theologischen Aufwand versucht er, ihnen deshalb die Sicherheit der in Christus begründeten Hoffnung zu erweisen und ihnen ihre Verantwortung als Hörer des endgültigen Wortes Gottes in seinem Sohn vor Augen zu führen. Das Schreiben ist dabei auf den in 13^{18-25} angekündigten Besuch des Vf bei den Adr ausgerichtet, der offenbar ganz im Zeichen dieser Glaubensvertiefung stehen soll.

Die Beachtung der christologisch-paränetischen Ausrichtung ist für das rechte Verständnis des Hebr grundlegend; sie wird gerade auch dem heutigen Leser den theologischen Zugang zur Denkweise des Vf erleichtern.

2. *Vf als Schrifttheologe*

a) Vf gestaltet seine Schrift in Anlehnung an den Lehrvortrag der jüdisch-hellenistischen Synagoge, versteht seine Ausführungen somit nicht als freie theologische Spekulation, sondern als *Schriftauslegung.* Es kann deshalb nicht verwundern, daß Hebr nicht nur intensiver als alle anderen ntl. Schriften auf das AT Bezug nimmt, sondern seine Anschauungen auch weithin exegetisch aus der Schrift heraus entwikkelt (vgl. etwa 1^{4-14} 2^{5-9} 3^{7}–4^{11} $7^{1-3.4-10.11-25}$ $9^{1-10.11-14}$ usw). Vf orientiert sich dabei durchgängig am Text der gr. Bibel (LXX), ist zudem vertraut mit deren Auslegung im hellenistischen Judentum und knüpft an dessen exegetische Traditionen und Methoden an. Man kann Hebr deshalb durchaus als »ein Dokument ausgesprochener LXX-Theologie« bezeichnen (H. Windisch 132).

b) Der hermeneutische Horizont dieser intensiven Schriftbenutzung deutet sich bereits in der Zitationsweise an: Die Texte des AT werden fast durchweg als Rede Gottes (etwa $1^{5.6.7.8.9.13}$ 4^{4} $5^{5.6}$ $6^{13.14}$), Christi ($2^{12.13}$ 10^{5}) oder des Heiligen Geistes (3^{4} 10^{15}) eingeführt (anders nur 2^{6}). Vf sieht den Schrifttext somit in der unumstößlichen Autorität des Wortes Gottes und schließt darin an die Inspirationslehre der jüdisch-hellenistischen Synagoge an. Freilich versteht er das AT nicht als »eine Sammlung von Orakeln, die alle in gleicher Weise gelten« (L. Goppelt, Theologie 576) und durch kunstvolle Auslegung in ihrem Tiefensinn erschlossen werden müssen (vgl. etwa den Ansatz Philos). Er sieht das Reden Gottes vielmehr von der eschatologischen Offenbarung in Jesus Christus her heilsgeschichtlich strukturiert (↗ $1^{1.2a}$): Weil Gott in dieser »Endzeit« endgültig im Sohn zu den Menschen geredet hat, müssen die vielfältigen Offenbarungen der Vorzeit im Lichte dieses eschatologischen Wortes verstanden werden. Dieser hermeneutische Ansatz ermöglicht es Vf, die Kontinuität des Redens Gottes zu betonen und das AT ungebrochen als Wort Gottes aufzunehmen, zugleich aber die Diskontinuität zwischen altem und neuem Heilsgeschehen scharf herauszuarbeiten. Die Texte des AT werden von daher theologisch differenziert ausgewertet: Einzelne Anweisungen erscheinen als Regelungen von zwischenzeitlicher Geltung, die nun durch Jesus Christus abgelöst und nurmehr »sinnbildliche« Bedeutung haben (etwa 7^{18} 8^{13} 9^{7ff}); andere Text werden als aktuelle Weisung an die christliche Gemeinde qualifiziert (3^{7} ↗ 4^{7f} 12^{5} 13^{5}); wieder andere werden als vormals gesprochene Ankündigungen des schon gegenwärtigen Heils verstanden (↗ 8^{12}). Vf ist somit von einer rein formalen Inspirationslehre weit entfernt, er versteht das Wort Gottes vielmehr als lebendige Größe (4^{12f}), die heilsgeschichtlich differenziert verstanden und vom Christusgeschehen her ausgelegt werden muß.

c) Die im Hebr praktizierte Art der exegetischen Beweisführung erscheint dem heutigen Leser weithin fremd und willkürlich, bewegt sich aber durchaus im Rahmen der zeitgenössischen Auslegungsmethoden. Neben der Schriftauslegung im *Literalsinn* (8^{5} 9^{20} 11^{18}) bedient sich Vf der Interpretation alttestamentlicher Texte nach dem Schema »*Verheißung und Erfüllung*«: Er greift Weissagungen des AT auf (8^{8-12} $10^{37.38}$ 12^{26}) bzw. versteht nichtprophetische Texte nachträglich als Weissagungen ($1^{5b.8.9.13}$ $2^{12.13}$ 5^{6} $7^{17.21}$), die in Christus bzw. der durch ihn heraufgeführten Endzeit ihre Erfüllung gefunden haben. Sparsam bedient er sich der *allegorischen Schriftauslegung* (3^{6} 10^{20} vgl. 7^{1-3}), »die irdische Gegenstände, von denen der Text spricht, auf geistige Vorgänge« deutet (F. Schröger, Instrumentarium 320). Häufiger findet sich dagegen die aus Qumran bekannte *Midrasch-Pescher-Methode,* die einen AT-Text deutend einem anderen Subjekt substituiert ($1^{6.10-12}$ 2^{6-10} 10^{5-10}); auch bedient er sich einiger aus der *rabbinischen Exegese* bekannter Auslegungsgrundsätze: der midraschartigen Entfaltung des Textes (3^{16-19} 12^{7-11}), der erläuternden Verknüpfungen zweier Schrifttexte (1^{5} 4^{4f}), des Schlusses vom Kleineren zum Größeren (2^{1-3} 3^{3} 7^{2} 8^{6}) und anderer gebräuchlicher hermeneutischer Mittel ($7^{1-3.14}$: »Was nicht in der Thora steht, ist nicht in der Welt«; 7^{11f} 8^{13} 10^{9}: »Eine neue Tat Gottes hebt die alte auf«). Dieses hermeneutische Instrumentarium steht im Hebr allerdings ganz im Dienst des christologischen Schriftverständnisses und dient Vf dazu, für einzelne atl. Texte einen angemessenen Bezug zum Christusgeschehen herauszuarbeiten.

d) Wichtiger noch als die unter c) genannten exegetischen Auslegungsmethoden und grundlegend für die theologische Argumentation des Vf ist *die typologische Auswertung der Schrift bzw. der Geschichte Israels.* Diese Betrachtungsweise geht davon aus, daß die Diskontinuität der Heilsordnungen doch immer von der Kontinuität des Redens und Handelns Gottes umschlossen ist, sich deshalb also zwischen altem und neuem Heilsgeschehen von Gott selbst gesetzte Bezüge und Anknüpfungen aufweisen lassen. Von daher begreift Vf Ereignisse, Personen und Institutionen des alten Bundes als verheißende Vorausdarstellung (Typos) des Heilswerkes Christi bzw. der durch Christus begründeten Heilswirklichkeit. Durch den Aufweis von Entsprechung, Überbietung und eschatologischer Unvergleichlichkeit wird das Christusgeschehen dabei zwar im Anschluß an Gegebenheiten des AT ausgesagt und theologisch bestimmt, zugleich aber in seiner eschatologischen Einzigartigkeit verdeutlicht. So markiert Hebr etwa durch eine typologische Entfaltung des »Tages von Kades« (3^{7}–4^{11}) die Bedeutung des durch Christus begründeten eschatologischen »Heute«; im Anschluß an Gen 14^{17-20} bzw. an die Gestalt des Melchisedek wird 7^{1-10} die das levitische Priestertum unvergleichlich übersteigende Stellung Jesu als eschatologischer Hoherpriester »nach der Ordnung Melchisedeks« herausgearbeitet; auf dem Hintergrund der Sühneliturgie des großen Versöhnungstages (Lev 16) werden Jesu Tod und Auferstehung als endzeitlich bleibende Sühnehandlung erklärt (vgl. bes. 9^{1-14}). Diese wenigen, aber zentralen Belege zeigen, wie sehr die typologische Schriftauslegung mit der vertiefenden christologisch-soteriologischen Reflexion verbunden ist. Man kann sagen: »Die typologisch-heilsgeschichtliche Betrachtungsweise erweist sich nach Umfang und Konsequenzen ihrer Durchführung als repräsentativ für den theologischen Standort des Hebräerbriefes« (L. Goppelt, Theologie II 578).

3. *Sprachform, Kompositionsweise und religionsgeschichtlicher Hintergrund*

a) Vf schreibt das anspruchsvollste Griechisch des gesamten NT, bedient sich in reichem Maße der rhetorischen und literarischen Mittel, die die hellenistische Sprachkunst bereitstellt, und zeigt in der Diktion eine auffällige Nähe zu Philo von Alexandrien. Seine Schrift präsentiert sich als planvoll konzipiertes Kunstwerk, in dem mit rhetorischer Meisterschaft einzelne Aussagereihen großräumig einander zugeordnet werden.

Im einzelnen zeichnet sich die Sprache des Hebr durch Vielfalt des Ausdrucks (Wortschatz von ca. 1000 bei einem Umfang von ca. 5000 Worten!), sorgfältige Stilisierung (kunstvolle Satzperioden, gehobene Wortverbindungen), rhetorisch-literarische Figuren des Ausdrucks (Stabreim, Anklänge, Wortwiederholungen) und kunstvolle Wortspiele (etwa 5^{8} $10^{29.39}$) aus. Für die Komposition hat A. Vanhoye (Homilie 35–52) v. a. auf den Gebrauch folgender literarischer Mittel hingewiesen: »Stichwortverkettungen« (z. B. die Erwähnung der »Engel« $1^{4.5.6.7.13}$ $2^{2.5.7.9.16}$), Überleitungen und thematische »Ankündigungen« der neuen Abschnitte (z. B. 1^{4} zu 1^{5-14}; 6^{12-20} zu Kap. 7–10), den »symmetrischen Aufbau einzelner Abschnitte (etwa 5^{11}–6^{3} 6^{4-12}), die reflektierte Zuordnung lehrhaft-systematischer und paränetischer Teile (z. B. 1^{1-14} zu 2^{1-4}) und thematischer Klammern, durch die einzelne Abschnitte zusammengehalten sind (z. B. 2^{5}–2^{16} 5^{11}–6^{12}).

Dieses Bemühen um eine gehobene und wirkungsvolle Sprachform weist Vf als gebildeten Hellenisten aus, der, geübt in jüdisch-hellenistischer Rhetorik und vertraut mit der philosophischen Sprache der alexandrinischen Schule, seine Mahnrede auch durch eine gediegene sprachliche Fassung empfehlen will. Er möchte zu seinen Lesern in einer Form sprechen, die seine Ausführungen auch vor der hellenistischen Philosophie und der jüdischen Synagogenpredigt bestehen läßt. Dies ist für ihn freilich kein Selbstzweck, sondern steht im Dienst der Argumentation und will den christologisch-paränetischen Ausführungen auf seine Weise Gewicht verleihen. Letztlich geht dieses Bemühen aus der Erkenntnis hervor, »daß die gegenwärtige Rede eine Funktion und Fortsetzung des größeren Wortes ist, das seit Urzeiten ergeht ... und im Sohn einmalige Gestalt angenommen hat ...« (A. Strobel 80).

Dem heutigen Leser verlangt diese Darstellungsweise ein besonderes Maß an Aufmerksamkeit für die sprachlich-literarischen Strukturen des Hebr ab. Er wird dem Schreiben nur gerecht werden, wenn er sich auf die enge Bindung der theologischen Aussage an die literarische Form einläßt.

b) Wie bei der Sprachform kommt auch bei der Beurteilung der Denk- und Argumentationsweise des Hebr den auffälligen Verbindungen zum Schrifttum des Philo von Alexandrien große Bedeutung zu. Sie belegen, daß Vf in der Welt des hellenistisch-synkretistischen Judentums steht, mit der Auslegung und den Traditionen der Synagoge ebenso vertraut ist wie mit deren philosophisch-spekulativer Ausformung in Alexandrien, die mit Philo zu einem bedeutsamen Höhepunkt kommt.

Unverkennbar sind freilich auch die fundamentalen Differenzen, durch die sich Vf von der platonisierenden Spekulation der alexandrinischen Philosophie abhebt: „Hier Offenbarung göttlicher Heilswirklichkeit – dort menschlich-spekulatives Interesse an der Welt der Ideen; hier Einbau der Metaphysik in die geschichtliche Bewegung auf das christliche Eschaton – dort Auflösung der Heilsgeschichte des Alten Testamentes in naturhaft verstandene philosophische Kategorien« (F.-J. Schierse, Verheißung 11). Der Vergleich zeigt, daß Vf sich zwar durchaus alexandrinischer Sprach- und Denkmittel bedient, diese aber durchweg seinem eigenen theologischen Entwurf dienstbar macht. Ihm geht es nicht wie den »Alexandrinern« um eine Verschmelzung biblischen Denkens mit der philosophischen Weltsicht des Hellenismus, wohl aber um einen vorsichtigen »hermeneutischen Brückenschlag«, durch den der urchristlichen Christusverkündigung hellenistische Anschauungen als befestigende Argumentationsmittel zugeführt werden. Er löst nicht die Heilsgeschichte in Metaphysik auf, versucht aber das eschatologisch-apokalyptische Denken durch metaphysische Kategorien zu verdeutlichen und ihm so neue Aktualität zu verleihen. Man kann Hebr deshalb wohl »am ehesten als Resultat einer Begegnung zwischen einer weitgehend apokalyptisch geprägten und einer nicht primär apokalyptisch bestimmten hellenistisch-jüdischen Umwelt« verstehen (U. Luz, Bund 331).

Kann der Vergleich mit Philo durchaus einiges Licht in die Frage nach den religionsgeschichtlichen Voraussetzungen des Vf bringen, so erscheint der Vergleich mit gnostischen, essenischen oder jüdisch-mystischen Texten wenig fruchtbar. Von der Gnosis trennt Hebr v. a. das heilsgeschichtliche Denken, die Betonung der fleischlichen Existenz Jesu sowie die Wertung der irdischen Wirklichkeit als Entscheidungsraum. Dies läßt eine gnostische Prägung des Vf als wenig wahrscheinlich erscheinen, schließt freilich nicht aus, daß er (vor)gnostisches bzw. gnostisierendes Gedankengut aufgenommen hat (verwiesen wird etwa auf 1^{2} 2^{10f} 3^{7}–4^{11} 7^{1-3} 9^{8} 10^{19f}). Im Einzelfall steht immer die Frage, ob Ähnlichkeiten zwangsläufig als Abhängigkeiten erklärt oder auf allgemeine Grundanschauungen der damaligen Zeit bzw. auf gemeinsame geistige Wurzeln zurückgeführt werden müssen (↗ 2^{10f}). Die Parallelen, die man zwischen Hebr und den Qumranschriften aufgewiesen hat (etwa: Auslegungsmethode, Bußdisziplin, Engelvorstellung, Urbild-Abbild-Schema, Opfervorstellungen), lassen kaum auf direkte Verbindungen schließen, sondern sind durch die beiderseitige Teilhabe am Strom der Tradition des Judentums zu erklären. Die Bezüge, die zur frühjüdischen Merkaba-Mystik aufgezeigt werden, stützen sich durchweg auf Belege, die jünger als der Hebr sind; mögliche Anknüpfungspunkte sind deshalb schwer zu sichern.

Die Auslegung wird Hebr somit nicht von einem sehr speziellen religionsgeschichtlichen Hintergrund her erklären dürfen, sondern generell das hellenistische Judentum mit seinen sehr komplexen religionsgeschichtlich-philosophischen Bezügen im Auge behalten müssen. Sie wird weiter die Eigenständigkeit des Vf beachten müssen, der zwar die verschiedensten religionsgeschichtlichen Vorgaben aufnimmt, sie aber mit großer systematischer Kraft für seine Konzeption in Dienst nimmt.

4. *Christologie, Eschatologie und Paränese*

a) Ziel des Hebr ist die ermunternde Paränese. Das Mittel, dessen sich Vf dabei bedient, ist die christologisch-soteriologische Reflexion, in besonderer Weise die kulttheologische Entfaltung der Hohepriester-Christologie. Durch ein vertieftes Verständnis des Christusgeschehens möchte er die Glaubensmüdigkeit der Adr überwinden und ihnen in einer Neuinterpretation des Bekenntnisses die Heilswirkung des Weges Christi neu vor Augen stellen (vgl. bes. 5^{11}–6^{3}). Angesichts der die Gemeinde lähmenden Niedrigkeits- und Ohnmachtserfahrungen akzentuiert er mit Nachdruck die soteriologische Bedeutung der Erniedrigung des Sohnes: Durch seinen Weg in die menschliche Todverfallenheit hat sich der »Sohn« der vielen »Söhne« angenommen, in seiner Erhöhung hat er auch ihnen den Weg zu Gott eröffnet und ist so zum »Anführer (ihres) Heiles« (2^{10}) geworden (↗ 2^{5-18}). Durch die in 5^{1-10} begründete und 7^{1-28} 8^{1}–10^{18} entfaltete Hohepriester-Christologie deutet Vf diesen Weg des Sohnes im Anschluß an die Heilsvermittlung im alten Bund als endzeitliches priesterliches Sühnehandeln. Anknüpfend an die Sühneliturgie des großen Versöhnungstages (Jom Kippur) beschreibt er das Christusgeschehen in kultischen Kategorien als eschatologische Entsühnung, durch die der Mensch befähigt wird, sich Gott zu nahen (↗ 10^{19-25}). Der Tod Jesu erscheint dabei im Lichte von Lev 16 als entsühnendes Selbstopfer des Sohnes, die Erhöhung als Eintritt in das himmlische Heiligtum, durch die das Erlösungswerk bleibend in Kraft gesetzt wird und auch den Glaubenden der Weg in den Raum »hinter dem Vorhang« (= zu Gott) eröffnet ist (↗ 6^{19f}). D. h.: Durch die Erniedrigung in das Todesleiden bewirkt der präexistente Sohn »ein für allemal« die eschatologische Entsühnung und »wird« (2^{14} 5^{5} 6^{20}) zum »Hohenpriester nach der Ordnung Melchisedeks«. Als solcher tritt er in der Erhöhung in Erscheinung und steht so den Glaubenden als bleibende personale Präsenz des Heiles vor Augen.

Auch wenn sich die kulttheologische Entfaltung der Christologie als Hohepriester-Typologie innerhalb des NT nur im Hebr findet, reichen ihre Wurzeln doch weit in die Theologie der frühen Gemeinden zurück. Grundlegend ist v. a. die schon vorpaulinisch nachzuweisende Deutung des Todes Jesu als Sühne-Tod und damit verbunden die Ablösung des Tempels als Sühneinstitut (vgl. etwa 1 Kor 15^{3-5} Gal 1^{4} Röm 3^{25}). Auch die Anwendung des Hohepriester-Titels auf Jesus geht wohl nicht erst auf Vf zurück, sondern war bereits vor ihm in der liturgischen Tradition der Gemeinden verankert (↗ 2^{17}). Er wurde offenbar v. a. im Hinblick auf das fürbittende Eintreten des Erhöhten für seine Gemeinde gebraucht (vgl. etwa 7^{25}, wo diese Anschauung nachklingt, auch Röm 8^{34} 1 Klem 36^{1} 61^{3} 64^{1}). Vf sucht diese Vorgaben miteinander zu verknüpfen. Er verbindet den Hohepriester-Titel mit der Vorstellung des Sühnetodes und baut den Bezug auf das Hohepriester-Amt in Anlehnung an die Szenerie des Jom Kippur zu einer geschlossenen kulttheologischen Darstellung des Christusgeschehens aus. Damit wird der Hohepriester-Titel von der durch die Erniedrigung bewirkten soteriologischen Bedeutung des Heilswerkes Christi bestimmt; sein fürbittendes Eintreten vor Gott erscheint als Ausdruck der bleibenden Bedeutung seiner Selbsthingabe.

b) Die kulttheologische Entfaltung der Christologie will Christen, die unter dem »Noch-nicht« der Vollendung leiden, durch den Aufweis des »Schon-jetzt« der Heilsgründung ermutigen. In diesem Sinn stellt Vf seinen Lesern den Erhöhten als den wahren Hohenpriester vor Augen, der »ein für allemal« in das himmlische Heiligtum eingegangen ist und nun zur Rechten Gottes thront (↗ 3^{1} 4^{14-16} 8^{1f} 10^{19-22}). Durch ihn ist der neue Bund bereits begründet (9^{15-28}), und in ihm ist die Vollendung schon himmlische Wirklichkeit (↗ 2^{10} 5^{9f} 12^{1-3} 6^{19f}). Der irdischen Erfahrungswelt, die vom »Noch-nicht« der Vollendung gezeichnet ist, steht somit die durch das Heilswerk bestimmte himmlische Wirklichkeit des »Schon-jetzt« gegenüber, an die sich der Glaubende halten muß (11^{1}). Damit aber wird die zeitliche Dialektik des »Schon-jetzt« und »Noch-nicht« in räumlich-dualistischen Kategorien ausgelegt, um die eschatologische Gewißheit der göttlichen Verheißungen zum Ausdruck zu bringen: Das »Zukünftige« wird als das bereits »Himmlische« vor Augen gestellt, weil es durch Christi Heilswerk garantiert und von seiner Vollendung »umschlossen« ist. Im Anschluß an das alexandrinisch-platonische Urbild-Abbild-Schema beschreibt Vf diesen »himmlischen Bereich« dabei als die eigentliche und bleibende Wirklichkeit; das Irdische erscheint nur als dessen vergängliches Schattenbild (↗ 8^{5} $9^{10.23f}$ 10^{1}). Die der neuen durch Christus begründeten Ordnung zugehörenden »Bereiche« werden so als »wahre«, »himmlische« und »bleibende« Realität qualifiziert (vgl. etwa $8^{2.5}$ $9^{11.12.14.15.23}$ 12^{27} 13^{20}). Sie stehen den »irdischen«, »fleischlichen«, »schattenhaften« und deshalb in bezug auf die Vollendung unwirksamen Vollzügen der alten Ordnung gegenüber (8^{5} $9^{10.13.23f}$ 10^{1}). Die Verheißungsgüter werden – weil sie durch Christus, den wahren Hohenpriester, garantiert sind – als himmlische Wirklichkeiten verkündigt, die jetzt schon für den Menschen bereitstehen bzw. auf die hin er sich orientieren soll: das »Land seiner Ruhe« (3^{7}–4^{11}), die »himmlische Stadt« ($11^{8-10.16}$ 12^{22} 13^{14}), das »himmlische Vaterland« (11^{14-16}) bzw. generell die jenseitige Wirklichkeit Gottes (11^{1}, dazu Kap. 11 insgesamt, 12^{22-28}).

Diese Aufnahme alexandrinisch-dualistischer Kategorien bedeutet nicht, daß Vf das horizontal-eschatologische Denken insgesamt in die räumlich-vertikale Anschauung des Alexandrinismus überträgt. Er ist trotz der genannten Akzente weit von kosmologischen und metaphysischen Christusspekulationen entfernt; das eschatologische Denken bleibt für ihn weiterhin der bestimmende Verstehenshorizont des Christusbekenntnisses. Die Eschatologie wird allerdings mittels der alexandrinischen Dialektik von »himmlisch« und »irdisch« in besonderer Weise akzentuiert und verschärft: Das »Schon-jetzt« des Heiles wird vor Augen gestellt, um die »objektive Befestigung des Heiles« zu erweisen; das mit dem Christusgeschehen begründete »eschatologische Perfekt« wird in den Blick gehoben, um die Gewißheit der kommenden Vollendung neu einzuschärfen. Das bedeutet: »Die radikalere Fassung der Transzendenz des Eschatologischen mit Hilfe des alexandrinischen Dualismus steht ... im Dienst der Neubegründung des eschatologischen Futurs und ist damit Antwort auf das Nachlassen der eschatologischen Erwartung der Gemeinde der nachapostolischen Zeit« (B. Klappert, Eschatologie 59).

c) Weil das Heil in Christus »ein für allemal« befestigt ist, können die Christen in der Gewißheit der Hoffnung leben. Sie sind des Heiles im Erhöhten »ansichtig« und dürfen bereits in einem gewissen »Gegenüber« zur Vollendung leben. Als Gegenwartsgabe der Vollendung haben sie bereits jene »Zuversicht« (3^{6} 4^{16} $10^{19.35}$) empfangen, die darauf gründet, daß der Weg ins himmlische Heiligtum aufgetan und »wir« in allen irdischen Bedrängnissen bereits »hinzutreten« zur »ewigen Stadt« und der »himmlischen Festversammlung« (12^{22}). Auch wenn die Parusie noch aussteht, so wird sie doch kein völlig neues Heilsge-

schehen mehr bringen, sondern nur vollenden und in Geltung setzen, was durch das Heilswerk Jesu Christi bereits gewirkt und im Erhöhten schon Gegenwart ist (9^{23-28}). Diese einmalige und für alle Zeiten gültige Gründung des Heils verlangt freilich, daß die Christen in der einmal geschenkten Entsühnung feststehen und mit »Ausdauer« an der gewährten »Zuversicht« festhalten. Denn es steht kein neues Heilswerk mehr bereit. »Glauben« bedeutet deshalb für den Hebr v. a. »Beharrlichkeit«, »Feststehen« in der noch nicht eingelösten Verheißung, inneres »Gegründetsein« in der jenseitigen Wirklichkeit Gottes, wo die erwartete Vollendung schon bereitsteht. Für den, der die einmal geschenkte Entsühnung wieder verläßt und sich durch Abfall vom Glauben selbst außerhalb der Gnade Gottes stellt, gibt es keine zweite Entsühnung mehr, sondern nur noch das Gericht (6^{4-6} 10^{26-31} 12^{16f}). Dem »Ein für allemal« des Heilsgeschehens steht das »Ein für allemal« der Bekehrung gegenüber.
Diese Zuspitzung der Bußlehre, die sich so im NT nicht mehr findet (vgl. die Ansätze in 1 Kor 5^{1-5} Apg 5^{3f} 1 Joh 3^{6}), ist seit jeher als das entscheidende theologische Problem des Hebr empfunden worden. Man darf das harte Theologoumenon von der Unmöglichkeit der zweiten Buße freilich nicht mit den Maßstäben der späteren kirchlichen Bußlehre messen, sondern muß es vom Grundansatz des Hebr und von der paränetischen Intention der Hohepriester-Christologie her verstehen: Als »Kehrseite« der »Gewißheit« des Heils dient es Vf dazu, die Dringlichkeit der Paränese durch den Gerichtsgedanken zu motivieren. Er will letztlich auch keineswegs den Status möglicher Apostaten dogmatisch fixieren, sondern die Adr vor dem Verlust eines nicht wiederkehrenden Heilsangebotes warnen. Letzteres mit allem Nachdruck in einer Zeit innerer Unsicherheit und Glaubensschwäche neu bewußt zu machen, darf als das eigentliche Ziel des Hebr angesehen werden.

5. *Aufbau und Gedankengang*

a) Schon die paränetischen Stücke des Hebr lassen ein thematisches Gefälle erkennen: 2^{1-4} 3^{1}–4^{11} mahnen zum Hören des eschatologischen Wortes Gottes; 4^{14-16} 10^{19-25} rufen zum Festhalten am Bekenntnis auf (zu 5^{11}–6^{20} s. u. b)); 10^{32-39} $12^{1-3.12-17}$ 13^{1-17} ermuntern zu Glaubenstreue und einem von der »Zuversicht« getragenen christlichen Leben. Ähnliche Verbindungen zeigen sich auch bei den christologisch-systematischen Abschnitten: 1^{1-14} 2^{5-18} öffnen zwar die christologische Reflexion auf die Hohepriester-Christologie hin, stehen aber noch ganz im Zeichen des Sohnes-Bekenntnisses; 7^{1-28} 8^{1}–10^{28} entfalten – eingeleitet durch 5^{1-10} – die Christologie als kulttheologisch bestimmte Hohepriester-Typologie; 11^{1-39} $12^{4-11.18-29}$ reflektieren über den Glauben bzw. die Glaubenstreue angesichts der eschatologischen

Zusage Gottes in Jesus Christus. Hinzu kommen eine Reihe auffälliger literarischer »Klammern«, durch die Vf die einzelnen Abschnitte abgrenzt und thematisch orientiert: $1^{1.2a}$ (Rede Gottes im Sohn) korrespondiert mit 4^{12f} (Macht des Wortes Gottes); 4^{14-16} wird in 10^{19-25} wieder aufgenommen (Mahnung zum Festhalten am Bekenntnis); auch zwischen 10^{32f} (Erinnerung an die eigene Glaubensgeschichte) und 13^{7f} (Erinnerung an die früheren Gemeindeleiter) könnten sich derartige Entsprechungen abzeichnen. Wir gehen deshalb von einer *Dreiteilung des Hebr* aus: I. 1^{1}–4^{13} (Die eschatologische Offenbarung Gottes im Sohn), II. 4^{14}–10^{31} (Die Entfaltung der Hohepriester-Christologie), III. 10^{32}–13^{17} (Der neue Weg der Gemeinde). 13^{18-25} hebt sich als brieflicher Abschluß vom Corpus der Schrift ab (IV).

b) Im einzelnen lassen sich folgende Zusammenhänge erkennen: *1^{1}–4^{13}* ist thematisch vom Gedanken der eschatologischen Rede Gottes in seinem Sohn bzw. von der Qualifizierung der Adr als »Hörer *dieses* Wortes« getragen (vgl. die »Eck-Sätze« $1^{1.2a}$ und 4^{12f} sowie 2^{1-4} 3^{1}–4^{11}). Vf entfaltet diesen Grundansatz durch tiefgreifende christologische Reflexionen und stellt seinen Lesern Erniedrigung und Erhöhung des aus der Präexistenz kommenden Sohnes als Inhalt der eschatologischen Offenbarung Gottes vor Augen ($1^{2b-4.5-14}$ 2^{5-18}). Er akzentuiert dabei immer deutlicher die Heilwirksamkeit dieses Weges, die er 2^{17} zusammenfassend durch den Hohepriester-Titel für Jesus zum Ausdruck bringt. Von diesem Bekenntnis zum »treuen« und »barmherzigen« Hohenpriester Jesus Christus geht der zweite Abschnitt (3^{1}–4^{13}) aus, der zum rechten Verhalten angesichts dieser eschatologischen Zusage Gottes in Jesus Christus aufruft. In einer umfänglichen typologischen Erklärung von Ps 95^{7-11} verdeutlicht Vf an der Wüstengeneration den Anspruch und die Verheißung des eschatologischen Wortes Gottes. Ein kleiner Hymnus auf dessen richterliche Macht beschließt diesen ersten Teil des Hebr, der sich so als in sich geschlossener Abschnitt präsentiert, aber in der Zuspitzung auf den Hohepriester-Titel doch bereits den kulttheologisch geprägten Hauptteil vorbereitet.

4^{14}–10^{31} schließt an 3^{1} (2^{17}) an und bietet in 5^{1-10} 7^{1-28} 8^{1}–10^{18} die systematische Entfaltung der kulttheologischen Hohepriester-Christologie. 5^{1-10} transponiert dabei die »Sohnes-Christologie« von 1^{1-14} 2^{5-17} in kultische Kategorien und fungiert als Exposition für 7^{1}–10^{18}. Kap. 7 entfaltet näherhin die eschatologische *Stellung* des Sohnes als Hoherpriester »nach der Ordnung Melchisedeks« (vgl. Ps 110^{4}). 8^{1}–10^{18} interpretiert das Erlösungs*werk* Christi auf dem Hintergrund von Lev 16 kulttheologisch als eschatologisch-gültiges Sühnehandeln. Dieser systematische »Kern« des Abschnitts ist durch paränetische Stücke inhaltlich »gerichtet«: 5^{11}–6^{20} – ein paränetisches »Zwischenstück« – reflektiert nach der Exposition und vor der näheren Entfaltung der Hohepriester-Christologie den Glaubensstand der Adr und markiert die Annahme des Hebr als Kriterium des Aufbruchs zur not-

wendigen Glaubensvertiefung. 4^{14f} und 10^{19-25} (verbunden mit 10^{26-31}) umschließen mit der Mahnung zum Festhalten am Bekenntnis paränetisch den Hauptteil und lassen erkennen, worum es Vf letztendlich mit der Hohepriester-Christologie geht: um das Festhalten am Bekenntnis durch eine vertiefte Erkenntnis der Heilswirksamkeit des Christusgeschehens und der soteriologischen Bedeutung des Erhöhten.

10^{32}–13^{17} knüpft an die »Rahmenparänese« in 4^{14ff} und 10^{19-25} an und führt sie in drei unterschiedlich gearteten Abschnitten (10^{32}–12^{3} 12^{4-29} 13^{1-17}) weiter aus: 10^{32}–12^{3} nimmt aus 10^{19} (vgl. 4^{14}) den Gedanken der durch Christi Heilswerk gewährten »Zuversicht« auf (10^{35}) und mahnt zu deren Bewahrung durch Ausdauer und Glaubenstreue (vgl. die »Leitworte« gr. pistis = »Glauben«, »Glaubenstreue«: $10^{32.39}$ 11^{1} usw. 12^{2}; gr. hypomone = »Geduld«, »Ausdauer«: 10^{36} 12^{1} vgl. auch 10^{32} $12^{2.3}$ und das Bild vom »Kampf« in 10^{32} 12^{1}). Die Struktur ist wieder symmetrisch: eine Paradigmenreihe über die rechte Glaubenshaltung (Kap. 11) wird durch zwei paränetische Texte gerahmt (10^{32-39} 12^{1-3}). 12^{4-29} ist ebenso prägnant wie der erste Abschnitt strukturiert: eine Reihe von Mahnungen (12^{12-17}) ist von zwei lehrhaften Texten über die Größe der Berufung gerahmt, die die Abfolge thematisch bestimmen: 12^{4-11} sucht die Leiden des Jüngerseins als väterliche Züchtigung Gottes und damit als Zeichen der Sohnschaft zu erweisen, $12^{18-24.26-29}$ stellt noch einmal altes und neues Heilsgeschehen einander gegenüber, um die größere Verantwortung der christlichen Gemeinde herauszustellen. 13^{1-17} stellt zunächst eine Reihe von allgemeinen Mahnungen zusammen (13^{1-6}) und schließt mit Überlegungen zum rechten Verständnis des Herrenmahls, in denen Vf noch einmal das Grundanliegen seiner paränetisch-soteriologischen Reflexion zur Sprache bringen kann.

13^{18-25} schließt mit einigen konkreten Hinweisen und Segenswünschen das Schreiben ab.

c) Die vorliegende Kommentierung geht deshalb von folgender Gliederung des Hebr aus:

I. *Bedeutung und Anspruch der eschatologischen Offenbarung Gottes in seinem Sohn:* 1^{1}–4^{13}

1. Die eschatologische Offenbarung Gottes im Sohn: 1^{1}–2^{18}
   a) Gott hat gesprochen in seinem Sohn: 1^{1-4}
   b) Die Überlegenheit des Sohnes über die Engel: 1^{5-14}
   c) Warnung vor der Mißachtung des eschatologischen Wortes Gottes: 2^{1-4}
   d) Die Erniedrigung des »Sohnes« und das Heil der »Söhne«: 2^{5-18}
2. Anspruch und Verheißung der eschatologischen Rede Gottes im Sohn: 3^{1}–4^{13}

a) Jesu »Treue« als Gabe und Anspruch: 3^{1-6}
b) Das warnende Beispiel der Wüstengeneration: 3^{7-19}
c) Mahnung zu Einsatzbereitschaft und Hoffnung: 4^{1-11}
d) Die richterliche Macht des Wortes Gottes: 4^{12f}

II. *Der Sohn als Hoherpriester der künftigen Güter:* 4^{14}–10^{31}

1. Paränetische Einleitung und Exposition des Themas: 4^{14}–5^{10}
   a) Mahnung zum Festhalten am Bekenntnis: 4^{14-16}
   b) Der Weg des Sohnes als priesterlicher Heilsdienst: 5^{1-10}
2. Paränetische Vorbereitung auf die »vollkommene Lehre« vom Hohepriestertum Christi: 5^{11}–6^{20}
   a) Mündiger und unmündiger Glaube: 5^{11}–6^{3}
   b) Warnung vor dem Abfall: 6^{4-12}
   c) Die Sicherheit der christlichen Hoffnung: 6^{13-20}
3. Der Sohn als Hoherpriester nach der Ordnung Melchisedeks: 7^{1-28}
   a) Das Schriftzeugnis über Melchisedek als christologisches Argument: 7^{1-10}
   b) Das eschatologische Priestertum des Sohnes: 7^{11-25}
   c) Bekenntnis zum wahren Hohenpriester Jesus Christus: 7^{26-28}
4. Der priesterliche Dienst des Sohnes: 8^{1}–10^{18}
   a) Die Liturgie des neuen Bundes: 8^{1-13}
   b) Das Opfer Jesu Christi: 9^{1-14}
   c) Die Gründung des neuen Bundes im Opfer des Sohnes: 9^{15-28}
   d) Die Ablösung des irdischen Opferkultes durch das eine Opfer des Sohnes: 10^{1-18}
5. Paränetischer Abschluß: 10^{19-31}
   a) Hinzutreten zu Gott: 10^{19-25}
   b) Warnung vor dem Abfall: 10^{26-31}

III. *Die Gemeinde auf dem neuen und lebendigen Weg:* 10^{32}–13^{17}

1. Mahnung zu Ausdauer und Glaubenstreue: 10^{32}–12^{3}
   a) Die Treue des Anfangs: 10^{32-39}
   b) Das Glaubenszeugnis der Väter: 11^{1-40}
   c) Das Beispiel Christi: 12^{1-3}
2. Der höhere Anspruch des Christseins: 12^{4-29}
   a) Die göttliche Pädagogik: 12^{4-11}
   b) Mahnung zur Verwirklichung der geschenkten Gnade: 12^{12-17}
   c) Die Größe der Berufung: 12^{18-24}
   d) Die letzte Offenbarung Gottes: 12^{25-29}
3. Allgemeine Mahnungen: 13^{1-17}
   a) Genereller Aufruf zu christlichem Leben: 13^{1-6}
   b) Der christliche Gottesdienst: 13^{7-17}

IV. *Briefschluß:* 13^{18-25}

1. Gebetsbitte und Segenswunsch: 13^{18-21}
2. Schlußmahnung und Grüße: 13^{22-25}

6. *Verfasser, Adressaten und Datierung*

a) Kaum ein Werk des NT ist hinsichtlich der *Autorschaft* im Verlauf der Auslegungsgeschichte so unterschiedlich beurteilt worden wie der Hebr. Man hat ihn Paulus, Barnabas, Petrus, Lukas, Clemens Romanus, Silvanus, Philippus, Priszilla, Apollos, Judas, Ariston und Timotheus zugeschrieben.
Für keine der genannten Personen freilich läßt sich die Verfasserschaft durch Hinweise aus dem Hebr selbst oder durch zeitgenössische Zeugnisse auch nur wahrscheinlich machen. Es bleibt deshalb beim Urteil des Origenes: Wer den Brief geschrieben hat, weiß Gott allein (Eusebius, KG VI, 11 ff). Aus dem Hebr selbst läßt sich lediglich entnehmen, daß wir im Vf einen hochgebildeten Christen der zweiten bzw. dritten Generation zu sehen haben, der mit der LXX und deren synagogaler Auslegung ebenso vertraut ist wie mit jüdisch-hellenistischer Philosophie und Rhetorik. Er hat Beziehungen zum Schülerkreis des Paulus (vgl. den Hinweis auf Timotheus in 13^{23}), ist mit den Adr bekannt und mit ihrer Geschichte vertraut, aber offenbar längere Zeit von ihnen getrennt gewesen (13^{19}). Er gehört nicht zu den Vorstehern der Adr (13^{24}: »Grüßt alle *eure* Vorsteher«), kann aber bei ihnen eine gewisse Autorität beanspruchen. Dies alles und die Hinweise in 5^{11f} könnten dafür sprechen, daß wir in Vf einen (nicht ortsgebundenen?) urchristlichen Lehrer zu sehen haben, der in Anlehnung an die Lehrformen der jüdisch-hellenistischen Synagoge und in Anknüpfung an die Anschauungen der alexandrinischen Schule dem Glaubensschwund der nachapostolischen Zeit mit theologischen Mitteln begegnen will.
b) Das Urteil der Forschung über die *Adr* ist ähnlich verwirrend wie über Vf: Man sieht Hebr entweder an die ganze Kirche, eine Einzelgemeinde oder eine spezielle Gruppe innerhalb eines Gemeindeverbandes gerichtet; die Adr werden als ehemalige jüdische Priester, Essener, palästinensische oder hellenistische Judenchristen oder als Heidenchristen beschrieben; man siedelt sie in Jerusalem oder generell in Palästina, in Antiochien, Cypern, Korinth, Ephesus, im Lykostal oder in Rom an. Auch hier kann sich keine der genannten Positionen auf eindeutige Hinweise im Hebr selbst stützen (die Überschrift »An die Hebräer« ist erst seit Beginn des 3. Jahrhunderts bezeugt und kann deshalb hier außer Betracht bleiben).
Wertet man die theologische Intention des Hebr insgesamt, dann zeigt sich zumindest, daß die Schrift trotz der großen Bedeutung des Schriftbeweises kein ausgesprochen judenchristliches Interesse ver-

folgt. Vf sucht vielmehr auf generelle Probleme der »zweiten« bzw. »dritten« christlichen Generation einzugehen und läßt an keiner Stelle erkennen, daß die Differenzierung zwischen Juden- und Heidenchristen für ihn noch aktuelle Bedeutung hat (vgl. 4^{14-16} 6^{11f} $10^{22f.36}$ $12^{1-3.4-11.12f}$). Er sieht die Adr auch nicht vom »Rückfall« ins Judentum, sondern vom »Abfall« in Resignation, Hoffnungslosigkeit und Gottlosigkeit bedroht (↗ 3^{12}). Man wird von daher die Adr nicht als speziell judenchristlich geprägte Gruppierung bewerten dürfen, sondern als eine Gemeinschaft, in der die Ermüdungserscheinungen der nachapostolischen Zeit mit besonderer Schärfe zutage treten. Der in 6^{1f} aufgenommene »Fundamentalkatechismus« der Taufunterweisung läßt denn auch vermuten, daß die Mehrheit von ihnen aus dem Heidentum zum christlichen Glauben gekommen ist (6^{1} betont die Bekehrung vom Götzendienst zum Ein-Gott-Glauben!).

Beim Versuch, die Adr näher zu lokalisieren, kommt dem Hinweis auf Rom u. E. die größte Wahrscheinlichkeit zu: 13^{24} läßt immerhin erkennen, daß die Adr in Italien zu suchen sind; für Rom ist die Kenntnis des Hebr durch 1 Klem bereits um 96 belegt (vgl. 1 Klem 17^{1} 36^{2-5}); der Vergleich beider Schriften läßt weitere Verbindungslinien erkennen (etwa die Aufnahme gemeinsamer liturgischer Traditionen, der Hohepriester-Titel für Jesus, die »Vorsteher«-Bezeichnung für kirchliche Amtsträger, die Verbindungen mit synagogaler Tradition und Schriftauslegung). Dürfen wir aber die Adr in Rom ansiedeln, dann gewinnt der Hinweis in 13^{24}, der sie als spezielle Gruppierung innerhalb eines größeren Gemeindeverbandes ausweist, besondere Bedeutung. Schon Röm 16 nämlich zeigt, daß die stadtrömische Gemeinde nicht als geschlossene Großgemeinde, sondern als Verband unterschiedlicher Hauskirchen, Gemeinschaften und Gruppierungen verstanden werden muß. In diesem Rahmen könnte man sich die Adr gut als spezielle Gruppierung bzw. als Hausgemeinde denken. Viel spricht dafür, daß für diese Gruppe ein besonderer Bildungsstand (5^{11f}) und eine eigene Vorgeschichte (↗ 10^{32ff}) vorausgesetzt werden muß, die sich freilich nicht mehr im einzelnen aufhellen läßt. Es scheint, daß die Gruppe der Adr in der Gefahr ist, sich aus dem Verband der Gesamtgemeinde zurückzuziehen (↗ 13^{24} auch 10^{24f} 12^{24}) und nicht zuletzt deshalb für alle möglichen Einflüsse anfällig war (13^{7-17}).

c) Wie über Vf und Adr schweigt Hebr auch über die *Zeit seiner Abfassung;* auch diese muß deshalb aus einzelnen Anhaltspunkten und der Gesamteinschätzung des Schreibens erschlossen werden. Da Hebr wohl bereits in 1 Klem anklingt (s. o. b.), wird dessen Abfassungszeit (um 96) heute fast allgemein als obere Grenze der zeitlichen Einordnung des Hebr gewertet. Schwieriger ist die Abgrenzung nach unten, die bislang in der Forschung auch sehr unterschiedlich bestimmt wird. Für eine Frühdatierung vor 70 wird v. a. angeführt, daß Vf den Jerusalemer Tempelkult als noch bestehende Größe beschreibe und an keiner Stelle die Zerstörung des Tempels und den damit verbundenen Abbruch des Opferkults erwähne, obwohl er diese Geschehnisse von seinem theologischen Denken her gut hätte auswerten können.

Gegen diese Argumentation steht freilich, daß Vf auf den herodianischen Tempel und den bis zum Jahre 70 in Jerusalem ausgerichteten Kult überhaupt nicht Bezug nimmt, sondern sich ausschließlich an den Schriftaussagen über die Stifthütte und den Kultvorschriften des Pentateuch orientiert. Diese allein vom Schriftzeugnis getragene Bezugnahme auf den Kult des alten Bundes ist aber ohne Schwierigkeiten auch mit einer Datierung nach 70 zu vereinbaren, läßt diese sogar als die angemessenere erscheinen. Denn gerade das Fehlen jeglicher Bezugnahme auf den herodianischen Tempel und den konkreten Opferkult müßte, wenn der Brief vor 70 geschrieben wäre, verwundern. Für eine Spätdatierung des Hebr sprechen auch der vom Vf vorausgesetzte Glaubensstand der Adr (s. o. 1b.) sowie seine Mahnung zu Glaubenstreue und Beharrlichkeit in der Hoffnung (vgl. die Parallelen zu den Lk-Schriften!). Besonderes Gewicht haben schließlich Texte wie 2^{3} 5^{11f} 10^{32f} 13^{7}, in denen einerseits eine längere Glaubensgeschichte der Adr bezeugt ist und andererseits auch eine schon beträchtliche Entfernung vom Ursprung zur Sprache kommt. Unsere Auslegung geht deshalb von einer Abfassung des Hebr zwischen 80 und 90 aus.

LITERATURHINWEISE

Kommentare: H. Braun, An die Hebräer (HNT 14), Tübingen 1984; F. F. Bruce, The epistle to the Hebrews (NIC), Grand Rapids ^{2}1967; J. Héring, L'epître aux Hébreux (CNT. N 12), Neuchâtel–Paris 1954; O. Kuss, Der Brief an die Hebräer (RNT 8,1), Regensburg 1966; F. Laubach, Der Brief an die Hebräer (Wuppertaler Studienbibel), Wuppertal 1967; O. Michel, Der Brief an die Hebräer (KEK 13), Göttingen ^{12}1966; E. Riggenbach, Der Brief an die Hebräer (KNT 14), Leipzig ^{2,3}1922; I. Rohr, Der Hebräerbrief (HSNT 10), Bonn ^{4}1932; S. Ruager, Hebräerbrief (Edition C), Neuhausen-Stuttgart 1987; F. J. Schierse, Der Brief an die Hebräer (GeiS 18), Düsseldorf 1986; C. Spicq, L'Epître aux Hébreux (EtB) 2 Bde. 1952/1953; H. Strathmann, Der Brief an die Hebräer (NTD 9), Göttingen ^{8}1963; A. Strobel, Der Brief an die Hebräer (NTD 9), Göttingen 1975; H. Windisch, Der Hebräerbrief (HNT 14), Tübingen ^{2}1931.

Forschungsberichte: F. F. Bruce, »To the Hebrews«: A Document of Roman Christianity?, in: ANRW II, 25. 4, Berlin–New York 1987, 3496–3521; H. Feld, Der Hebräerbrief (EdF 228), Darmstadt 1985; Ders., Der Hebräerbrief. Literarische Form, geschichtlicher Hintergrund, theologische Fragen, in: ANRW II, 25. 4, Berlin–New York 1987, 3522–3601; E. Gräßer, Der Hebräerbrief 1938–1963: ThR 30 (1964) 138–236.

Abhandlungen: G. Bornkamm, Das Bekenntnis im Hebräerbrief, in: Studien zu Antike und Christentum II, München ^{2}1970, 188–203; E. Brandenburger, Text und Vorlagen von Hb 5,7–10: NT 11 (1969), 190–224; G. Braumann, Hebr 5,7–10: ZNW 51 (1960), 278–280; F. Büchsel, Die Christologie des Hebräerbriefes, (BFChTh 27,2), Gütersloh 1922; D. Dautzenberg, Der Glaube im Hebräerbrief: BZ 17 (1973), 161–177; E. Fiorenza, Der Anführer und Vollender unseres Glaubens. Zum theologischen Verständnis des Hebräerbriefes, in: Gestalt und Anspruch des NT (hrsg. J. Schreiner), Würzburg 1969, 262–281; E. Gräßer, Der Glaube im Hebräerbrief (MThSt 2), Marburg 1965; Ders., Hebräer 1,1–4, in: EKK Vorarbeiten 3, Zürich–Köln 1971, 55–91; Ders., Das Heil als Wort. Exegetische Erwägungen zu Hebr 2,1–4, in: Neues Testament und Geschichte (FS O. Cullmann), Zürich–Tübingen 1972, 261–274; Ders., Die Heilsbedeutung des Todes Jesu in Hb 2,14–18, in: Theologica Crucis (FS E. Dinkler), Tübingen 1979, 165–184; Ders., Mose und Jesus. Zur Auslegung von Hebr 3,1–6, in: ZNW 75 (1985), 1–23; R. Gyllenberg, Die Christologie des Hebräerbriefes: ZSTh 11 (1933/34), 622–690; O. Hofius, Katapausis. Die Vorstellung vom endzeitlichen Ruheort im Hebräerbrief (WUNT 11), Tübingen 1970; Ders., Der Vorhang vor dem Thron Gottes. Eine exegetisch-religionsgeschichte Untersuchung zu Hebr 6,19f und 10,19f (WUNT 14), Tübingen 1972; E. Käsemann, Das wandernde Gottesvolk. Eine Untersuchung zum Hebräerbrief (FRLANT NF 37), Göttingen ^{4}1961; B. Klappert, Die Eschatologie des Hebräerbriefes (ThEx 156), München 1969; H. Köster, Die Auslegung der Abraham-Verheißung in Hebr 6, in: Studien zur Theologie der alttestamentlichen Überlieferungen (FS G. v. Rad), Neukirchen 1961, 95–109; O. Kuss, Der theologische Grundgedanke des Hebräerbriefes. Zur Deutung des Todes Jesu im NT, in:

Auslegung und Verkündigung I, Regensburg 1963, 281–328; F. Laub, Bekenntnis und Auslegung. Die paränetische Funktion der Christologie im Hebräerbrief (BU 15), Regensburg 1980; W. R. G. Loader, Sohn und Hoherpriester: Eine traditionsgeschichtliche Untersuchung zur Christologie des Hebräerbriefes (WMANT 53), Neukirchen 1981; U. Luck, Himmlisches und irdisches Geschehen im Hebräerbrief: NT 6 (1963), 192–215; P. G. Müller, ΧΡΙΣΤΟΣ ΑΡΧΗΓΟΣ. Der religionsgeschichtliche und theologische Hintergrund einer neutestamentlichen Christusprädikation (EHS. T XXIII 28), Bern–Frankfurt 1973; W. Nauck, Zum Aufbau des Hebräerbriefes, in: Judentum, Urchristentum, Kirche (FS J. Jeremias) (BZNW 26), Berlin ^{2}1964, 199–206; S. Nomoto, Herkunft und Struktur der Hohenpriestervorstellung im Hebräerbrief: NT 10 (1968), 10–25; M. Rissi, Die Theologie des Hebräerbriefs (WUNT 41), Tübingen 1987; J. Roloff, Der mitleidende Hohepriester. Zur Frage nach der Bedeutung des irdischen Jesus für die Christologie des Hebräerbriefes, in: Jesus in Historie und Theologie (FS H. Conzelmann), Tübingen 1975, 143–166; F. J. Schierse, Verheißung und Heilsvollendung. Zur theologischen Grundfrage des Hebräerbriefes (M Th S. H 9), München 1955; F. Schröger, Der Verfasser des Hebräerbriefes als Schriftausleger (BU 4), Regensburg 1968; Ders., Das hermeneutische Instrumentarium des Hebräerbriefes, in: J. Ernst (Hg.), Schriftauslegung, Paderborn 1972, 313–329; A. Stadelmann, Zur Christologie des Hebräerbriefes in der neueren Diskussion, in: Theol. Berichte 2, Zürich–Einsiedeln–Köln 1973, 135–218; G. Theissen, Untersuchungen zum Hebräerbrief (StANT 2), Gütersloh 1969; A. Vanhoye, La structure littéraire de l'epître aux Hébreux, Paris ^{2}1976; H.-F. Weiß, Der Hebräerbrief als Predigttext, in: Wort und Welt (FS E. Hertzsch), Berlin 1968, 313–322; R. Williamson, Philo and the Epistle to the Hebrews (ALGHJ 4), Leiden 1970; H. Zimmermann, Die Hohepriesterchristologie des Hebräerbriefes, Paderborn 1964; Ders., Das Bekenntnis der Hoffnung. Tradition und Redaktion im Hebräerbrief (BBB 47), Köln 1977.

Sonstige Literatur: J. Blank, Weißt du, was Versöhnung heißt? Der Kreuzestod Jesu als Sühne und Versöhnung, in: J. Blank – J. Werbick (Hg.), Sühne und Versöhnung (Theologie der Zeit 1), Düsseldorf 1986, 21–91; L. Goppelt, Typos. Die typologische Deutung des Alten Testaments im Neuen (BFCh Th II/43), Gütersloh 1939; Ders., Theologie des Neuen Testaments II, Göttingen 1976; B. Janowski, Sühne als Heilsgeschehen (WMANT 55), Neukirchen 1982.

Kommentare werden nur mit Verfassernamen und Seitenangabe, weitere Literatur mit Verfassernamen, Hinweis auf den Titel und Seitenangabe zitiert.

I. BEDEUTUNG UND ANSPRUCH DER ESCHATOLOGISCHEN OFFENBARUNG GOTTES IN SEINEM SOHN: 1^{1}–4^{13}

1. Die eschatologische Offenbarung Gottes im Sohn: 1^{1}–2^{18}

a) *Gott hat gesprochen in seinem Sohn:* 1^{1-4}

[1] Viele Male und auf vielerlei Weise hat Gott einst zu den Vätern ge-
sprochen durch den Propheten; [2] in dieser Endzeit aber hat er zu uns
gesprochen durch den Sohn, den er zum Erben des Alls eingesetzt
und durch den er auch die Welt erschaffen hat; [3] er ist der Abglanz 2 Kor 3^{18}

1^{1} wörtl: Vielgestaltig und vielartig hat Gott
1^{2} wörtl.: am Ende dieser Tage
1^{3} andere Übersetzungsmöglichkeit: er ist *Ausstrahlung* seiner Herrlichkeit

1^{1-4} Hebr wird nicht durch die übliche Briefeinleitung, sondern durch ein kunstvoll stilisiertes und hymnisch geformtes Exordium eröffnet. Wie in einer Ouvertüre klingen in dieser dichten Einleitungsperiode bereits die Hauptthemen der Schrift an: die eschatologische Rede Gottes im Sohn, die »uns« in letztgültiger Weise zu »Hörern des Wortes« qualifiziert ($^{1.2a}$) und – damit verbunden – die unvergleichliche Stellung des Sohnes und seine alles überragende Heilsbedeutung für die Menschen ($^{2b-4}$). In $^{1.2a}$ erscheint Gott als handelndes Subjekt, von ^{2b} an aber gilt alles Interesse dem Sohn als Träger des Heilswerkes. ^{3a} greift dabei wohl auf einen vorgeprägten, an Weish 7^{25f} orientierten Bekenntnistext zurück.

$^{1.2a}$ Als »Obersatz« steht dem Hebr das Bekenntnis zu dem sich den Menschen offenbarenden Gott voran. Die Aussage zielt freilich von vornherein auf die eschatologische Rede Gottes in seinem Sohn, in dem die vielfältigen Offenbarungen der Vorzeit ihre einigende Mitte und ihren unüberbietbaren Abschluß gefunden haben. Die Adr werden so unvermittelt in den gewaltigen Horizont des endzeitlichen Handelns Gottes gestellt und als Hörer dieses die Offenbarungsgeschichte abschließenden Wortes im Sohn ausgewiesen (↗ 2^{1-4} vgl. 3^{15} $4^{2.7.12f}$ 6^{1-12}). In immer neuen Anläufen wird Vf in der Folge seinen Lesern die Bedeutung und den Anspruch dieser Grundbestimmung der christlichen Existenz erschließen.

$^{2b-4}$ Gottes Rede »in dieser Endzeit« empfängt ihre Bedeutung aus der unvergleichlichen Stellung des Offenbarungsmittlers. An $^{1.2a}$ fügen sich deshalb eine Reihe von Bekenntnisaussagen an, die die Stellung des Sohnes von unterschiedlichen Ansätzen her beschreiben: ^{2b} Als »Erbe« wird der Sohn im Hinblick auf die mit der Parusie erwartete, aber bereits jetzt sicher verbürgte eschatologische Vollendung bekannt; das Bekenntnis zur Schöpfungsmittlerschaft (vgl. 1 Kor 8^{6} Kol 1^{16} Joh $1^{3.10}$) verbindet ihn auch mit dem Anfang der Schöpfung (im Hintergrund steht die jüdisch-hellenistische Sophia-Spekulation vgl. etwa Spr 8^{22-31} Weish 9^{2}). ^{3} beschreibt den Weg des Sohnes aus der Präexistenz

Kol 1^{15} seiner Herrlichkeit und das Abbild seines Wesens; er trägt das All
Joh 1^{3} durch sein machtvolles Wort, hat die Reinigung von den Sünden be-
Kol 1^{17} wirkt und *sich* dann *zur Rechten* der Majestät in der Höhe *gesetzt;* 4 er
Ps 110^{1} ist um so viel erhabener geworden als die Engel, wie der Name, den
Phil 2^{9} er geerbt hat, ihren Namen überragt.

b) *Die Überlegenheit des Sohnes über die Engel:* 1^{5-14}

5 Denn zu welchem Engel hat er jemals gesagt:
Ps 2^{7} *Mein Sohn bist du,*
heute habe ich dich gezeugt,

durch die Erniedrigung zur Erhöhung: ^{3a} Zwei in der Aussage identische Bilder bestimmen die Würde des Sohnes mittels hellenistischer Kategorien als Teilhabe am Wesen Gottes (vgl. zur Terminologie etwa Weish 7^{26} Philo, Op 18 146). Eng damit verbunden erscheint die in der Schöpfungsmittlerschaft gründende welterhaltende Herrschaft des Sohnes über das All (↗ $^{2b.4}$ vgl. auch Kol 1^{17} Weish 1^{7} 7^{27} Philo, Plant 8). ^{3b} verknüpft die Aussagen über das ewige Wesen des Sohnes mit dem Bekenntnis zu Erniedrigung und Erhöhung und zeigt v. a. mit dem Satz von der Sündenvergebung schon an dieser Stelle an, daß die soteriologische Interpretation der Christologie als Kernstück des Hebr zu gelten hat (↗ 8^{1}). Der Zusammenhang läßt zugleich die Ansatzpunkte der in (5^{1-10}) $7^{1}-10^{18}$ ausgearbeiteten kulttheologischen Hohepriester-Christologie erkennen: die protologisch wie eschatologisch ausgelegte *Sohnschaft* und den heilswirksamen, ein für allemal Entsühnung bewirkenden *Weg* des Sohnes durch das Todesleiden zur Erhöhung. ^{4} Die hier mit der Erhöhung verbundene Verleihung des »Sohnes«-Namens unterstreicht noch einmal die Einzigkeit und Unvergleichlichkeit der Stellung des zur Rechten Gottes Erhöhten (vgl. Phil 2^{9} Eph 1^{21} Herm IX 14,5 16,5–7) und leitet zu deren weiterer Reflexion in 1^{5-14} über.

1^{5-14} Eine Serie von sieben Schriftzitaten schließt eng an das christologische Exordium an und verifiziert die dort gesetzten Akzente. Auch hier läßt Vf Aussagen über den Präexistenten, den Erhöhten und den zur Parusie Wiederkommenden ineinanderfließen, um den Adr zunächst die ewige, alle Zeiten überspannende Herrschaft des Sohnes vor Augen zu stellen. Neuansätze in $^{5.7.13}$ gliedern die Zitatenkette in drei Abschnitte, die jeweils Aussagen über den Sohn ($^{5.8-12.13}$) solchen über die Engel ($^{6.7.14}$) gegenüberstellen. Diese an ^{4} anknüpfende und bis 2^{16} weitergetragene Darstellungsform ist sicher nicht als Polemik gegen einen speziellen Engelkult zu werten. Sie dient Vf vielmehr dazu, Hoheit und Erniedrigung des Sohnes im Vergleich mit der »Schöpfungsebene« der Engel sinnfällig darzustellen. ^{5f} Der erste Abschnitt knüpft direkt an ^{4} an und thematisiert die Einzigartigkeit und Überlegenheit des »Sohnes«-Namens, dem auch die Engel anbetend ihre Verehrung erweisen müssen. Mit Ps 2^{7} und 2 Sam 7^{14} finden sich dabei zunächst zwei gängige Topoi des urchristlichen Schriftbeweises (in unterschiedlicher Anwendung etwa Mk 1^{11} 2 Petr 1^{17}

und weiter:
Ich will für ihn Vater sein, 2 Sam 7^{14}
und er wird für mich Sohn sein?
6 Wenn er aber den Erstgeborenen wieder in die Welt einführt, sagt
er:
Alle Engel Gottes sollen sich vor ihm niederwerfen. Dtn 32^{42}G; Ps 97^{7} G
7 Und von den Engeln sagt er:
Er macht seine Engel zu Winden
und seine Diener zu Feuerflammen; Ps 104^{4} G
8 von dem Sohn aber:
Dein Thron, o Gott, steht für immer und ewig, Ps 45^{7f} G
und:
Das Zepter seiner Herrschaft ist ein gerechtes Zepter.
9 *Du liebst das Recht und haßt das Unrecht,*
darum, o Gott, hat dein Gott dich gesalbt
mit dem Öl der Freude wie keinen deiner Gefährten.

1^{8} Mit »und« will Vf wohl nicht ein zweites Zitat einführen (so EÜ), sondern ^{8b} (über LXX hinaus) an ^{8a} binden.

1 Klem 36^{4} und 2 Kor 6^{18} Offb 21^{7}). Sie erscheinen hier als direkte Rede Gottes an den Sohn und sind wegen des »Sohnes-«Titels miteinander verbunden. Dabei bezieht Hebr beide Texte nicht auf einen bestimmten Termin (ewige Zeugung, Inkarnation, Erhöhung), sondern sieht in ihnen generell die aus der Präexistenz herkommende Wesenseinheit des Vaters mit dem Sohn ausgedrückt (↗ ^{3a}). Das dritte, auf die Engel bezogenene Zitat (Dt 32^{43}) hat Vf für seine Zwecke moduliert (LXX-Text: »und niederfallen sollen vor ihm alle *Söhne Gottes*!«) und ordnet es als Gottesrede der Parusie zu (vgl. zum »zweiten Kommen« des Sohnes 9^{28}). Der dabei verwendete Titel des »Erstgeborenen« (gr. prototokos) ist dem Sohnesprädikat verwandt (s. Mk 1^{11} – vgl. Röm 8^{30} Kol $1^{15.18}$ Offb 1^{5}).
$^{7-12}$ stellen wieder einem Schrifttext über die Engel zwei über den Sohn gegenüber (das Zitat von Ps 45^{7f} in $^{7-10}$ ist als Einheit zu sehen – anders EÜ). Inhaltlich ist der Abschnitt vom Kontrast zwischen der ewigen Herrschaft des Sohnes und dem wechselnden Dienst der Engel geprägt: ^{7} Ps 104^{4} – ursprünglich ist von der Indienstnahme der Naturkräfte durch Gott die Rede – versteht Vf als Hinweis auf die *wesensmäßige* Inferiorität der Engel. Sie »sind wandelbar ... und werden von der Gottheit entsprechend eingesetzt, darin dem Sohn weit unterlegen ...« (H. Braun 38). Ähnliche Vorstellungen finden sich 4 Esr 8^{21}.
$^{8-12}$ stellen dem sich wandelnden Dienst der Engel das Bild des Sohnes gegenüber, der in göttlicher Souveränität ewig thront. Vf überträgt dabei die Aussagen von Ps 45^{7f} und 102^{26ff}, die ursprünglich Gottes ewige Macht besingen, auf den Sohn. In Ps 45^{7f} sieht er sein göttliches Wesen bezeugt und so die Aussagen von $^{2a.3}$ bestätigt (nur hier wird der Sohn im Hebr ausdrücklich als »Gott« bezeichnet!). Ps 102^{26ff} verifiziert die in $1^{2a.3}$ ausgesagte Funktion

Ps 10 4

10 Und:
Ps 102^{26-28} *Du, Herr, hast vorzeiten der Erde Grund gelegt,*
die Himmel sind das Werk deiner Hände.
11 *Sie werden vergehen, du aber bleibst;*
sie alle veralten wie ein Gewand;
12 *du rollst sie zusammen wie einen Mantel,*
und wie ein Gewand *werden sie gewechselt.*
Du aber bleibst, der du bist,
und deine Jahre enden nie.
13 Zu welchem Engel hat er jemals gesagt:
Ps 110^{1} *Setze dich mir zur Rechten,*
und ich lege dir deine Feinde als Schemel
unter die Füße?
14 Sind sie nicht alle nur dienende Geister, ausgesandt, um denen zu helfen, die das Heil erben sollen?

c) *Warnung vor der Mißachtung des eschatologischen Wortes Gottes:* 2^{1-4}

1 Darum müssen wir um so aufmerksamer auf das achten, was wir gehört haben, damit wir nicht vom Weg abkommen. 2 Denn wenn

1^{12} bessere LA: wie ein Gewand, und sie werden gewechselt;
wörtl.: du aber bist derselbe
2^{1} wörtl.: daß wir nicht vorbeitreiben

des Sohnes als Schöpfungsmittler und -erhalter. Statt des im LXX-Text vorgegebenen Futurs setzt Vf in 11 das Präsens, um das ewige Sein des Sohnes deutlicher zu akzentuieren und ihn als allem geschichtlichen Wandel entzogenen Herrn der Welt zu bekennen.
13 zieht mit Ps 110^{1} erneut einen zentralen Topos des christologischen Schriftbeweises heran (vgl. etwa 1 Kor 15^{25} Mk 12^{36} Lk 20^{43} Apg 2^{35}), den er wieder als auf die Parusie bezogene Gottesrede versteht (↗ 2^{b}). Der Leser soll den Hinweis auf die Unterwerfung alles Widergöttlichen wohl auch als Warnung verstehen, sich von dem im Sohne gewährten Heil auf keinen Fall zu trennen.
14 Die Engel stehen als »dienstbare Geister« ganz in der Verfügung des Sohnes (↗ 7) und sind als Diener seines Heilswerkes auch Helfer der Menschen. Mit dieser unerwarteten Wendung des Gedankens leitet Vf zu den im Folgenden ausgeführten Themen über: der zum Heil berufenen Gemeinde (2^{1-4}) und dem Heilswerk des Sohnes (2^{5-18}).

2^{1-4} Eine kurze, ganz von der hohen Worttheologie in 1^{1f} beherrschte Paränese ist in die christologischen Entfaltungen eingesprengt und bringt nun wieder die christliche Gemeinde als Empfänger des Wortes in den Blick.
1 Die eschatologische Rede Gottes im Sohn schafft ein neues »Heute« der Entscheidung (↗ $3^{1}-4^{13}$). Mißachtung *dieses* Wortes bedeutet deshalb, unwiderruflich am Heil »vor-

schon das durch Engel verkündete Wort rechtskräftig war und jede
Übertretung und jeder Ungehorsam die gerechte Vergeltung fand,
3 wie sollen dann wir entrinnen, wenn wir uns um ein so erhabenes
Heil nicht kümmern, das zuerst durch den Herrn verkündet und uns
von den Ohrenzeugen bestätigt wurde? 4 Auch Gott selbst hat dies be-
zeugt durch Zeichen und Wunder, durch machtvolle Taten aller Art 2 Kor 12^{12}
und Gaben des Heiligen Geistes, nach seinem Willen.

d) *Die Erniedrigung des »Sohnes« und das Heil der »Söhne«:* 2^{5-18}

5 Denn nicht Engeln hat er die zukünftige Welt unterworfen, von der

2^{3} wörtl.: das seinen Anfang genommen hatte im Verkündigtwerden durch den Herrn und (dann) von denen, die es gehört haben, uns gegenüber rechtskräftig gemacht worden ist

beizutreiben« (bei Philo gebräuchliches Bild für das Fehlen des rechten Gottesglaubens: vgl. etwa Decal 67). $^{2-4}$ Ein Schluß vom Kleineren zum Größeren soll den Gedanken bekräftigen: Schon das Sinaigesetz – obwohl nur durch Engel verkündetes (vgl. Dt 33^{3} Apg $7^{38.53}$ Gal 3^{19}) vorläufiges Wort (7^{18}) – führte bei Übertretungen zu Sanktionen. Um wieviel mehr muß dies für die Verkündigung des eschatologischen Wortes Gottes »in dieser Endzeit« gelten: denn sie hat den Sohn und sein bleibend-gültiges Heilswerk zum Inhalt und hat in seinem irdischen Auftreten ihren Anfang genommen (↗ 10^{28f}). – Von besonderer Bedeutung ist die knappe Reflexion der Vermittlung dieses Wortes in ^{3f}: Vf unterscheidet deutlich bestimmte Stufen der Tradition (Verkündigung Jesu, Weitergabe durch die Hörer, Verkündigung in der Gemeinde), reflektiert also bereits, daß das eschatologische Gotteswort in der Gegenwart nur auf Grund einer bestimmten Verkündigungsgeschichte und durch Überlieferung zur Sprache kommt (↗ 13^{7}). Bemerkenswert ist, daß er dennoch kein Interesse an einer institutionellen Sicherung der Tradition erkennen läßt, sondern diese offensichtlich als immer neu von Gott getragenes Sich-in-Geltung-Setzen des eschatologischen Wortes versteht (Wunder und Geisterweise als Zeichen der göttlichen Legitimation auch Apg 4^{29-31}).

2^{5-18} nimmt den christologischen Gedankengang wieder auf, verbindet aber nun die in 1^{4-14} akzentuierten Hoheitsaussagen mit der christologischen Niedrigkeitsaussage. Vf liegt angesichts der Glaubensmüdigkeit der Adr am Nachweis, daß die Christen in das Geschehen von Erniedrigung und Erhöhung heilswirksam einbezogen sind und trotz eigener Niedrigkeitserfahrungen jetzt schon in der Hoffnung die Vollendung ergreifen können. Der Gedankengang wird in drei Ansätzen mit immer neuen Zuspitzungen bis zur ersten Aussage über das Hohepriestertum Jesu (2^{17}) vorangetrieben: $^{5-9}$ Erhöhung und Erniedrigung des Sohnes, $^{10-16}$ die Angemessenheit der Erniedrigung, ^{17f} der Sohn als Hoherpriester.

^{5} Die negative Eingangsthese zielt auf die im Urtext nicht ausgespro-

wir reden, 6 vielmehr (dem Sohn, darum) heißt es an einer Stelle aus-
drücklich:
Ps 8^{5-7} G *Was ist der Mensch, daß du an ihn denkst,*
oder der Menschensohn, daß du dich seiner
annimmst?
7 *Du hast ihn nur für kurze Zeit unter die Engel*
erniedrigt.
Du hast ihn mit Herrlichkeit und Ehre gekrönt,
8 *alles hast du ihm zu Füßen gelegt.*
Denn als er ihm alles zu Füßen legte, hat er nichts von der Unterwer-
fung ausgenommen. Jetzt sehen wir noch nicht *alles ihm zu Füßen ge-
legt;* 9 aber den, der *nur für kurze Zeit unter die Engel erniedrigt* war,

2^{5f} wörtl.: ... von der wir reden. Bezeugt hat aber einer irgendwo, wenn er sagt

2^{7} gr. brachy = »ein wenig« kann zeitlich und graduell verstanden werden; einige Hs fügen Ps 8^{7a} ein

2^{8} wörtl.: jetzt *aber* sehen wir

chene Fortsetzung: «... sondern im Sohn!« Vf bleibt also beim Thema der kommenden eschatologischen Weltherrschaft des Sohnes und möchte diese seinen Lesern auch mit allem Nachdruck bezeugen: Trotz der zeitweisen Erniedrigung und obwohl seine Herrschaft in der Gegenwart noch verborgen ist, sind im Sohn das Heil und die Vollendung sicher gegründet (↗ 1^{14}).

$^{6-8a}$ Ps 8^{5-7} spricht ursprünglich von Größe und Niedrigkeit des Menschen. Vf dient der Text als christologischer Beleg (vgl. 1 Kor 15^{27ff}) für die Zuordnung von Erhöhung und Erniedrigung des Sohnes: Er ist den Menschen gleichgeworden (»Mensch« bzw. »Menschensohn« hier für den ins Menschensein erniedrigten Sohn) und deshalb für kurze Zeit unter die Engel erniedrigt (Vf versteht »ein wenig« zeitlich, nicht graduell wie der Psalmtext), nun aber ist er mit Ehre und Herrlichkeit gekrönt (Hinweis auf die Erhöhung), die Parusie wird den ganzen Kosmos auch sichtbar seiner Herrschaft unterwerfen (↗ 1^{13f}).

$^{8b-9}$ Die Auslegung des Psalmwortes ist deutlich von der Glaubensnot der Adr bewegt: Sie sind offenbar nicht in der Lage, den Gedanken der eschatologischen Weltherrschaft Christi angesichts ernüchternder Alltagserfahrungen in der Hoffnung durchzuhalten (↗ 10^{32-39}). Der Unanschaulichkeit des Heils steht die bedrängende Macht der sichtbaren Welt gegenüber, die das Vertrauen auf die noch unsichtbare Macht Gottes zu erdrücken droht. Vf spricht deshalb tröstend vom »Sehen« des Glaubens in der Zeit vor der Parusie: Im erhöhten Herrn »schauen wir« jetzt schon den, der »um seines Todesleidens willen« erhöht wurde (↗ 3^{1} 4^{14-16}), »sehen« also in ihm auch den eigenen Weg aus aller Niedrigkeit in die Vollendung (↗ 2^{10}). Der »erkannte theologische Sinn des Leidens und Sterbens Christi« soll so »das Vakuum der noch nicht endgültig sichtbaren Christusherrschaft füllen« (A. Strobel 106). ^{9b} läßt sich nur schwer in den Zusammenhang einordnen und ist auch in der Textbezeugung unsicher (s. Ü.).

Jesus, ihn sehen wir um seines Todesleidens willen *mit Herrlichkeit und Ehre gekrönt;* es war nämlich Gottes gnädiger Wille, daß er für alle den Tod erlitt.
10 Denn es war angemessen, daß Gott, für den und durch den das All Apg 3^{15}
ist und der viele Söhne zur Herrlichkeit führen wollte, den Urheber
ihres Heils durch Leiden vollendete.
11 Denn er, der heiligt, und sie, die geheiligt werden, stammen alle
von Einem ab; darum scheut er sich nicht, sie *Brüder* zu nennen
12 und zu sagen:

Ich will deinen Namen meinen Brüdern verkünden, Ps 22^{23}
inmitten der Gemeinde dich preisen;

2^{9b} wörtl: damit er durch Gottes Gnade für jeden den Tod koste; andere LA: damit er – getrennt von Gott – für jeden den Tod koste

2^{10} wörtl.: daß der, für den und durch den das All ist, wenn er viele Söhne zur Herrlichkeit führt, den Anführer (ihres) Heils durch Leiden vollendete (gr. archegos kann als »Urheber« oder »Anführer« übersetzt werden. Letzteres fügt sich besser in den Zusammenhang)

Der Satz erklärt sich am besten als Übergang zum folgenden Abschnitt: In seinem Tod vollzieht Jesus das aus Gottes Heilswillen hervorgehende und durch seine Gnade getragene Heilswerk für die Menschen.

10 Der neue Abschnitt beginnt mit einem kühnen theologischen Satz: Die Vollendung des »Sohnes« durch Leiden war *der Gott angemessene Weg* zur Rettung der »vielen Söhne« (↗ 7^{26}). Erniedrigung und Erhöhung werden so entschieden unter soteriologischem Aspekt zur Sprache gebracht: Gott »vollendet« den Sohn in der Erhöhung zum *Heilsmittler* (gr. teleioun = »vollenden« gebraucht Hebr im Anschluß an kultischen Sprachgebrauch für den wahren Priesterdienst des Sohnes: 5^{9} $7^{11.19.28}$ 9^{9} 10^{14} vgl. 9^{11} 12^{2f}). Das bedeutet: »Mit der Verleihung der doxa wegen des Erleidens des Todes bringt Gott den Sohn an das Ziel, zu dem er eben als Sohn bestimmt ist, nämlich Anführer der Söhne zum Heil zu sein ...« (F. Laub, Bekenntnis 72). Der Archegos (Anführer)-Titel (im NT für Jesus nur Apg 3^{15} 5^{13} Hebr 2^{10} 12^{2}) bezeichnet dabei Jesus als »den von Gott durch die Propheten und durch Mose vorausgesagten Heilsführer der angebrochenen Endzeit« (P. G. Müller, Archegos 376). 11a begründet die »Angemessenheitsaussage« in 10 mit dem gemeinsamen Ursprung des »Sohnes« und der »Söhne« in Gott. Die Argumentation ist ungewöhnlich: »Nirgendwo wird Jesus ... im N.T. mit uns in dieser Weise auf die gleiche Stufe gestellt« (E. Käsemann, Gottesvolk 77). Dennoch muß man zur Erklärung nicht auf die gnostische Syngeneia-Vorstellung zurückgreifen. Vf spitzt vielmehr den Gedanken des allumfassenden Schöpfertums Gottes auf spezifische Weise zu, um den Heilsdienst des Sohnes als Hoherpriester aus seinem Sohnsein herleiten zu können (↗ 5^{1-3}!).

11b–13 Durch drei auf unterschiedliche Weise dem Sohn substituierte Schriftzitate sucht Hebr diese innere Verbindung des »Sohnes« mit den »Söhnen« vom AT her zu verifizieren: Mit Ps 21^{23} erklärt *der noch Präexistente* Gott gegenüber seine Be-

Jes 8^{17}; 2 Sam 22^{3} — 13 und ferner:

Ich will auf ihn mein Vertrauen setzen;

und:

Jes 8^{18} G — *Seht, ich und die Kinder, die Gott mir geschenkt hat.*

14 Da nun *die Kinder* Menschen von Fleisch und Blut sind, hat auch er in gleicher Weise Fleisch und Blut angenommen, um durch seinen Tod den zu entmachten, der die Gewalt über den Tod hat, nämlich den Teufel, 15 und um die zu befreien, die durch die Furcht vor dem Tod ihr Leben lang der Knechtschaft verfallen waren. 16 Denn er nimmt sich keineswegs der Engel an, sondern *der Nachkommen*
Jes 41^{8f} G — *Abrahams nimmt er sich an.*
Ps 22^{23} — 17 Darum mußte er in allem *seinen Brüdern* gleich sein, um ein barm-

2^{14} wörtl: da nun die Kinder an Blut und Fleisch teilhaben, erhielt (halte) auch er in gleicher Weise daran (an denselben) Anteil

reitschaft zum Heilswerk (im Brudertitel für die Menschen deutet sich die Motivation an). Als der mit Jer 8^{17} *aus dem Todesleiden zu Gott Rufende* erweist er sich als den Menschen bis in die Todesangst gleichgeworden. In Jer 8^{18} verbindet sich *der Erhöhte* mit den ihm anvertrauten »Kindern (Gottes)«, die noch auf dem Wege sind. ^{14f} führen den Gedankengang von $^{10.11a}$ weiter: Das Gleichwerden des »Sohnes« mit den »Kindern« bis in die menschliche Todverfallenheit hinein (»Blut und Fleisch« für die nur menschliche Beschaffenheit – vgl. Eph 6^{12} Joh 1^{13}) hat die Macht des Todes und des Teufels gebrochen (zur Verbindung von Tod und Teufel vgl. etwa Weish 2^{23f}) und die Menschen von der das Leben einengenden Todesfurcht befreit. Zwar sind auch die Christen dem allen Menschen bestimmten Todesschicksal nicht entnommen, doch brauchen sie – weil sie in Christus von der Sünde befreit sind – das dem Tode folgende Gericht nicht zu fürchten. Sie können dem Tod ohne Furcht ins Auge schauen und so ohne Angst in Freiheit und Zuversicht leben (↗ 4^{14-16} 12^{25-29}). Hebr gelingt hier eine Aussage, »in welcher die dem modernen Daseinsgefühl ... sich erschließende Verzweiflung des Menschens ebenso ausgesagt ist wie die Tatsache, daß die christliche Botschaft diese Verzweiflung von der Wurzel her ausrottet« (O. Kuss 44). ^{16} nennt nochmals die Engel und bildet mit 2^{5} eine Inklusion um 2^{5-16}. Inhaltlich bekräftigt der Vers die im Christusgeschehen befestigte Heilszusage an die Heilsgemeinde des neuen Bundes (↗ 1^{13} vgl. zu »Samen Abrahams« 6^{12} auch Gal 3^{29}).

2^{17f} erscheint als Höhepunkt und Zusammenfassung der Aussagen in 2^{5-16}. Vf verwendet dabei mit Bedacht das erste Mal den Hohepriester-Titel für Jesus, bringt ihn also entschieden mit der soteriologischen Interpretation des Christusgeschehens in Verbindung. Dabei geht es ihm hier noch nicht um die systematische Entfaltung der Hohepriester-Christologie, sondern um deren Zuordnung zum traditionellen Sohnesbekenntnis bzw. um eine erste Positionsbestimmung seines in 5^{1-10} $7^{1}-10^{18}$ entfalteten christologischen Neuansatzes.

^{17} Hebr knüpft wohl an einen vorge-

herziger und treuer Hoherpriester vor Gott zu sein und die Sünden
des Volkes zu sühnen. [18] Denn da er selbst in Versuchung geführt 4^{15}; Mt 4^{1-11}
wurde und gelitten hat, kann er denen helfen, die in Versuchung ge- Lk 4^{1-13}
führt werden.

2. Anspruch und Verheißung der eschatologischen Rede Gottes im Sohn: 3^{1}–4^{13}

a) *Jesu »Treue« als Gabe und Anspruch:* 3^{1-6}

1 Darum, heilige Brüder, die ihr an der himmlischen Berufung teilhabt, schaut auf den Apostel und Hohenpriester, dem unser Bekennt-

gebenen Gebrauch des Hohepriester-Titels für Jesus an und kann ihn deshalb hier ohne nähere Erläuterung einführen. Unverkennbar aber ist das Bemühen um eine Modifizierung des Verständnisses: Während man allgemein den Hohepriester-Titel offenbar nur mit dem fürbittenden Eintreten des Erhöhten beim Vater in Verbindung brachte (↗ Einl.), gibt Vf ihm durch den Bezug auf die Erniedrigung und die Verbindung mit 2^{5-16} ein neues Gepräge: Er bezeichnet den Erhöhten als Hohenpriester, *insofern* dieser durch Erniedrigung gegangen und so das Heil bewirkt hat. Das heißt: Im Hebr fungiert der Hohepriester-Titel »als Inbegriff des soteriologischen Aspekts der Erniedrigungs-Erhöhungschristologie« (F. Laub, Bekenntnis 97). Ganz auf dieser Linie liegt auch die doppelte Qualifizierung des Titels: In der bis in die Todverfallenheit durchgehaltenen Solidarität mit den »Söhnen« hat sich der Hohepriester Jesus als »*treu*« gegenüber Gott und seinem Heilswillen erwiesen (↗ 2^{10} 3^{1-6}). In der bleibenden Eröffnung des Zugangs zu Gott erweist er sich als »*barmherzig*«; d.h.: sein Heilswerk ist lebendiger Ausdruck der Barmherzigkeit Gottes (»Barmherzigkeit« ist im AT häufig Attribut Gottes). Das Entsühnungsmotiv wirkt hier noch ein wenig beziehungslos und verweist auf die Entfaltung der Hohepriester-Christologie in 7^{1-28} $8^{1}-10^{18}$.
^{18} öffnet abschließend die christologische Reflexion wieder auf die Situation der Adr hin: »der Heilsbringer gewinnt auch durch die Art des Vollzuges (des Heilswerkes) eine neue Nähe eben zu der gefährdeten Lage derer, die bei ihm Halt suchen« (O. Kuss).

3^{1-6} Die Rahmenaussagen ($^{1f.6b}$) lassen die Grundintention des Abschnitts erkennen. Jesu »Treue« (↗ 2^{17f}!) verlangt auch von »uns« treues Feststehen in der »Zuversicht«. Der Text erklärt sich so zwanglos als Hinführung zu $3^{7}-4^{13}$ bzw. »als Drehscheibe zwischen der christologischen Grundlegung in Kap. 1 + 2 und in der großen Paränese in Kap. 3 + 4« (E. Gräßer, Mose 291f). Im Hintergrund steht dabei wohl schon der Gedanke des Wüstenzuges, den $3^{7}-4^{11}$ typologisch entfaltet.
^{1f} Eindrucksvoll stellt Vf den Adr, die er das erste Mal direkt anredet (vgl. 3^{12} 6^{9} 10^{19} 13^{22}), den Erhöhten als Träger des Heils vor Augen: Der *Apostel*-Titel wird dabei für Jesus in

Num 12^7 G nis gilt: auf Jesus, [2] der – wie auch *Mose* in Gottes *Haus* – dem *treu*
ist, der ihn eingesetzt hat. [3] Denn er hat größere Herrlichkeit empfan-
gen als Mose, so wie der, der ein Haus baut, größeren Ruhm genießt
als das Haus. [4] Denn jedes Haus wird von jemand erbaut; der aber,
Num 12^7 G der alles erbaut hat, ist Gott. [5] *Mose* war *in* Gottes *ganzem Haus treu*
als *Diener,* zum Zeugnis der künftigen Offenbarungen; [6] Christus
aber ist *treu* als Sohn, der über das *Haus* Gottes gesetzt ist; *sein Haus*
aber sind wir, wenn wir an der Zuversicht und an dem stolzen Be-
wußtsein festhalten, das unsere Hoffnung uns verleiht.

b) *Das warnende Beispiel der Wüstengeneration:* 3^{7-19}

[7] Darum beherzigt, was der heilige Geist sagt:
Ps 95^{7-11} *Heute, wenn ihr seine Stimme hört,*

3^2 wörtl: der ihn gemacht (= geschaffen) hat
3^7 wörtl: Darum, wie der Heilige Geist sagt

seiner Grundbedeutung »Gesandter« gebraucht (im NT nur hier); er bezeichnet die Sendung des Sohnes aus der Welt Gottes und verankert das Heilswerk in seiner ewigen Verbindung mit dem Vater. Die *Hohepriester*-Aussage akzentuiert dagegen mehr seine in Solidarität mit den Menschen durchgehaltene »Treue«. Beide Aussagen werden durch den Vergleich mit dem Dienst und der heilsgeschichtlichen Stellung des Mose als Repräsentanten des alten Bundes in ihrer eschatologischen Tragweite verdeutlicht (↗ 2^{1-4}): [3f] Christus hat als Sohn Gottes am Werk dessen teil, »der alles erschaffen hat« (↗ 1^2), steht also unvergleichlich höher als Mose, da dieser sich als Geschöpf auch dem Wirken des Sohnes verdankt.

[5.6a] Von daher gehört beider »Treue« unterschiedlichen Ebenen zu: Der Auftrag des Mose konnte nur der eines Dieners sein, der im Vorfeld das eschatologische Handeln Gottes vorbereitete. Verwirklicht werden konnte dieses erst durch die »Treue« des aus der Welt Gottes kommenden Sohnes. [6b] Es ist deshalb freudiger Ausdruck des eschatologischen Erwählungsbewußtseins der christlichen Gemeinde, wenn Vf den Adr bekennt: »... sein Haus aber sind *wir*!« Er muß freilich angesichts der Glaubensmüdigkeit der Adr hinzufügen, daß dieses Bekenntnis Bewährung verlangt. Denn auch der Christ hat nur dann am Heil Anteil, wenn er an Christi »Treue« auch seinerseits mit »Treue« festhält.

3^{7-19} Schon die Gegenüberstellung Jesus – Mose in 3^{1-6} hat das Thema des Wüstenzuges anklingen lassen. Diesen Gedanken führt Vf nun in einer ausführlichen paränetischen Reflexion von Ps 95^{7b-11} weiter aus. Er sieht dabei die heilsgeschichtliche Verantwortung der christlichen Gemeinde in der Situation der Wüstengeneration typologisch vorgebildet: [7-11] zitieren den Psalmtext, [12-14] beziehen ihn direkt auf die Leser des Hebr, [15-19] stellen ihnen warnend das Schicksal der Wüstengeneration vor Augen.

[7-11] Das Zitat aus Ps 95^{7b-11} wird durch die Einleitung als direkte Mahnung des Geistes an die Adr

8 *verhärtet euer Herz nicht wie beim Aufruhr,*
wie in der Wüste am Tag der Versuchung.
9 *Dort haben eure Väter mich versucht,*
sie haben mich auf die Probe gestellt
und hatten doch meine Taten gesehen,
10 *vierzig Jahre lang.*
Darum *war mir diese Generation zuwider,*
und ich sagte: Immer geht ihr Herz in die Irre.
Sie erkannten meine Wege nicht.
11 *Darum habe ich in meinem Zorn geschworen:*
Sie sollen nicht in das Land meiner Ruhe kommen.

12 Gebt acht, Brüder, daß keiner von euch ein böses, ungläubiges
Herz hat, daß keiner vom lebendigen Gott abfällt, 13 sondern er-
mahnt eineinander jeden Tag, solange es noch heißt: *Heute,* damit
niemand von euch durch den Betrug der Sünde verhärtet wird;

3^{8} wörtl: verhärtet eure Herzen
3^{9} wörtl.: wo (mich) versucht haben eure Väter durch Erprobung

qualifiziert und führt inhaltlich 3^{1-6} weiter (vgl. das folgernde »darum« in ^{7}): Weil Gott in den letzten Tagen im Sohn zu »uns« gesprochen (1^{1f}) und in Jesus, dem »Apostel und Hohenpriester unseres Bekenntnisses«, das Heil befestigt hat ($3^{1.6b}$), stehen die Christen im »Heute« der eschatologischen Entscheidung, das dem »Heute« der Wüstengeneration zumindest typologisch vergleichbar ist. Ps 95^{7b-11} ist für Vf somit durchaus eine für die christliche Gemeinde aktuelle Mahnung. Er löst den Psalm dabei freilich aus seinem ursprünglichen Bezug auf Ex 17^{1-7} (Massa und Meriba) und versteht ihn als Verweis auf Num 14 (Tag von Kades). Deshalb verbindet er in ^{9f} die »vierzig Jahre« mit dem »Sehen« der Werke Gottes in der Wüste (MT/LXX: »... und hatten doch mein Tun gesehen. Vierzig Jahre war mir dieses Volk zuwider ...«). Der Text spricht so wie Num 14 von einer Erprobung Gottes *nach* dem Wüstenzug; als »Zorn Gottes« erscheint das Strafgericht nach der Verweigerung des Volkes in Kades (der Psalmist sah die ganze Zeit des Wüstenzuges als Strafe Gottes). – Die Intention des Vf ist deutlich: Er verweist auf das Geschehen in Kades, weil hier die Erfüllung in greifbare Nähe gerückt war, die Menschen sich aber ihrem »Heute« verschlossen hatten und deshalb das »Land der Ruhe« nicht schauen durften. »So können auch die Glieder der christlichen Gemeinde im letzten Moment noch des eschatologischen Heiles verlustig gehen, wenn sie dem Worte Gottes gegenüber ihr Herz im Unglauben verhärten (3,7ff), den abweisen, der ›vom Himmel her‹, d.h. mit einer himmlischen Berufung zu ihnen redet (12,25) ...« (O. Hofius, Katapausis 143).

$^{12-14}$ appliziert die Mahnungen des Psalmzitates direkt auf die Adr: die »Verirrung des Herzens« wird als »Abfall vom lebendigen Gott« im Hinblick auf sein Handeln in Jesus Christus verstanden; das »Heute« erscheint als Zeit der Gegenwart, die der Gemeinde als bemessene Frist der Bewährung noch gegeben ist; die »Verhärtung der Herzen« begegnet

14 denn an Christus haben wir nur Anteil, wenn wir bis zum Ende an
der Zuversicht festhalten, die wir am Anfang hatten.
15 Wenn es heißt:
Ps 95^{7f} *Heute, wenn ihr seine Stimme hört,*
verhärtet euer Herz nicht wie beim Aufruhr –
16 wer waren denn jene, die *hörten* und *sich auflehnten*? Waren es
nicht alle, die unter Mose aus Ägypten ausgezogen waren?
Num 14^{26} 17 Wer *war ihm vierzig Jahre lang zuwider*? Nicht etwa die Sünder, de-
ren *Leichen in der Wüste liegen blieben*? 18 Wem hat er geschworen, *sie*
sollen nicht in das Land seiner Ruhe kommen, wenn nicht den Unge-
horsamen? 19 Und wir sehen, daß sie wegen ihres Unglaubens *nicht*
hineinkommen konnten.

3^{17} wörtl.: deren Leiber ... hinfielen

als trügerische »Unterwerfung unter die Sünde«. Die schreckliche Möglichkeit des Abfalls steht Vf dabei so bedrängend vor Augen, daß er auch die Adr in die Pflicht nimmt, einander gegenseitig »täglich« zu ermahnen. Diese Aufforderung zielt auf die (tägliche?) Gemeindeversammlung, die auch 10^{24} als Raum der Glaubensstärkung verstanden ist. 14 schärft abschließend nochmals den Ernst der Mahnung ein: Als »Teilhaber an Christus« (vgl. 3^{1}) sind die Christen zur Glaubenstreue gerufen. Die Verbindung mit Christus ist konditioniert (↗ 3^{6}).

15 Das verkürzte Zitat führt wieder zu Ps 95^{7-11} zurück. 16–18 bieten eine schwerpunktmäßige Erklärung der geschichtlichen Hintergründe des Psalmwortes, suchen aber zugleich am »Fall Kades« generell die »innere Geschichte« des Glaubensabfalls zu entschüsseln. Vf redet deshalb nicht vom Land Kanaan, sondern im Anschluß an Ps 95^{11} grundsätzlicher vom »Land seiner Ruhe« (↗ 4^{1}). Durch eine Serie rhetorischer Fragen zwingt er dabei den Leser zur immer neuen Stellungnahme auch über das eigene Verhalten. Das Geschehen von Kades wird so zum Exempel des Unglaubens und des Abfalls, der Gottes Handeln an seinem Volk nicht mehr sehen will. Unglaube und Abfall aber ziehen unausweichlich das Gericht nach sich. In Kades folgen auf die Verweigerung des Volkes der mißglückte Versuch, sich im nachhinein doch noch des Landes zu bemächtigen, und die vernichtende Niederlage durch Amalekiter und Kanaaniter (Num 14^{45}). Vf versteht dies unter Bezug auf Num 14^{30} als Folge des göttlichen Schwures gegen das ungläubige Volk und als generelles Zeichen dafür, daß Gott Ungehorsame vom »Lande seiner Ruhe« ausschließt. Für die Gemeinde bedeutet der Rückblick auf Kades deshalb eine unmißverständliche Warnung, nicht in gleicher Weise das in Jesus Christus begründete eschatologische Heil durch Unglauben, Abfall oder erlahmende Hoffnung zu verfehlen.

4^{1-11} Vf argumentiert weiterhin im thematischen Horizont von Ps 95^{7-11}, akzentuiert aber nun stärker den Gedanken der Verheißung: Die Zusage Gottes hat unverbrüchlich Bestand und kann nur durch den Unglauben zunichte gemacht werden ($^{2-5}$), die Christen stehen deshalb im eschatologischen »Heute«

c) *Mahnung zu Einsatzbereitschaft und Hoffnung:* 4[1-11]

[1] Darum laßt uns ernsthaft besorgt sein, daß keiner von euch zurück-
bleibt, solange die Verheißung, *in das Land seiner Ruhe zu kommen,* Ps 95[11]
noch gilt. [2] Denn uns ist die gleiche Freudenbotschaft verkündet wor-
den wie jenen; doch hat ihnen das Wort, das sie hörten, nichts ge-
nützt, weil es sich nicht durch den Glauben mit den Hörern verband.
[3] Denn wir, die wir gläubig geworden sind, *kommen in das Land der* Ps 95[11]
Ruhe, wie er gesagt hat:

Darum habe ich in meinem Zorn geschworen:
Sie sollen nicht in das Land meiner Ruhe kommen.

4[1] wörtl: daß nicht etwa einer von euch zu spät gekommen (zurückgeblieben) zu sein scheine

4[3] Die gr. Partizipialkonstruktion *hoi pisteusantes* ist nicht kausal (»weil wir gläubig geworden sind«), sondern konditional (»wenn, insofern wir gläubig geworden sind«) zu verstehen.

der Entscheidung und Bewährung ([6-10]). Die Rahmung durch zwei aufeinander bezogene Mahnworte ([1.11]) verleiht dem Abschnitt besonderes paränetisches Gewicht.

[1] Vf bedient sich weiterhin der heilsgeschichtlichen Typologie: Der Verheißung des Landes an die Väter entspricht nun die alles Bisherige überbietende Zusage der eschatologischen Vollendung, des »Landes seiner Ruhe« (gr. katapausis). Die endzeitliche Bedeutung dieser Verheißung ruft ebenso wie das Schicksal der Väter zu Zuversicht und ungeteilter Glaubenstreue auf.

[2] Durch zugespitzte Parallelisierung mit der Wüstengeneration (»... uns ist die *gleiche* Freudenbotschaft verkündet worden ...«) verweist Vf seine Leser auf die Chancen (gr. für »Freudenbotschaft« euanggelion!), aber auch auf den bedingungslosen Ernst ihrer Glaubensentscheidung: Das Verheißungswort bleibt dort wirkungslos, wo der Mensch es nicht als innere Lebenskraft aufnimmt und sich ihm in Treue und Zuversicht anheimgibt (↗ Kap. 11). »Das hat Gott an der Auszugsgeneration demonstriert, die wegen ihres Unglaubens nicht in ihre Ruhe, das heilige Land, eingehen durfte, obwohl sie Gottes Wort empfangen hatte ...« (M. Rissi, Theologie 19). [3a] Gemäß diesem »Grundgesetz der Offenbarung« werden auch »wir« *nur als Glaubende* in die eschatologische Vollendung eingehen (s. Ü.). Warnend führt Vf Ps 95[11] an, weil der darin ausgesprochene Fluch im Falle des Unglaubens auch für die christliche Gemeinde Geltung hätte (↗ 6[4-12]). [3b-5] stellen durch eine erläuternde Verknüpfung von Ps 95[11] und Gen 2[2] den Gedanken des »Ruheortes« in das Licht der Schöpfungsgeschichte (Die Verbindung sieht Vf durch den Sprachgebrauch gegeben: Ps 95[11] spricht von gr. katapausis = »Ruheort«, Gen 2[2] gebraucht gr. katapauein = »ruhen« für die Gottesruhe nach dem Schöpfungswerk): Die Gottesruhe am siebenten Schöpfungstag verweist den Glaubenden darauf, daß das »Land seiner Ruhe« von den Anfängen der Schöpfung her begründet, die Verheißung also *von Gott her* sicher befestigt ist. Nur der Unglaube *der Menschen* kann so-

Zwar waren die Werke seit der Erschaffung der Welt vollendet;
Gen 2[2] G [4] denn vom siebten Tag heißt es an einer Stelle: *Und Gott ruhte am*
siebten Tag aus von all seinen Werken; [5] hier aber heißt es:
Ps 95[11] *Sie sollen nicht in das Land meiner Ruhe kommen.*
[6] Da es nun dabei bleibt, daß einige hineinkommen, die aber, die frü-
her die Freudenbotschaft empfangen haben, wegen ihres Ungehor-
sams *nicht hineingekommen sind,* [7] setzt er aufs neue einen Tag fest,
nämlich: *Heute,* indem er durch David, wie schon gesagt, nach so lan-
ger Zeit spricht:
Ps 95[7f] *Heute, wenn ihr seine Stimme hört,*
verhärtet euer Herz nicht!
[8] Denn hätte schon Josua sie in das Land der Ruhe geführt, so wäre
nicht von einem anderen, späteren Tag die Rede. [9] Also ist dem Volk
Gottes eine Sabbatruhe vorbehalten. [10] Denn wer *in das Land seiner*
Ps 95[11] *Ruhe gekommen ist,* der ruht auch selbst von seinen Werken aus, wie
Gen 2[2] G Gott von den seinigen. [11] Bemühen wir uns also, *in* jenes *Land der*

4[5] wörtl: und an dieser (Stelle) wieder

mit den Eingang in das »Land seiner Ruhe« verhindern. Nochmals wird deshalb warnend Ps 95[11] zitiert.

[6f] Die Väter haben die für sie bestimmte Verheißung wegen ihres Unglaubens nicht erlangt, »uns« hat Gott jetzt in Jesus Christus ein neues und endgültiges »Heute« der Entscheidung geschenkt. Hebr begründet dies mit einer heute merkwürdig anmutenden hermeneutischen Wendung: Indem Gott als eigentlicher Autor der Schrift David in Ps 95 lange Zeit nach dem Wüstenzug vom »Heute« reden läßt, sagt er ein neues und über die Landnahme hinausgehendes »Heute« an. Vf reflektiert nicht darüber, daß in der Konsequenz seines Gedankens dieses »Heute« des Psalmtextes für die David-Generation gelten müßte. Er nimmt die Aussage vielmehr von seinem christologischen Ansatz her ganz selbstverständlich für seine Gegenwart in Anspruch. [8] Dem möglichen Einwand, daß Josua Israel dann doch noch in das Land Kanaan geführt habe und damit alle Verheißungen Gottes erfüllt seien, begegnet er mit dem Hinweis, daß dann David nicht 400 Jahre später von einem neuen »Heute« hätte sprechen können.

[9] kann somit als Fazit eine »trostvolle und zugleich verpflichtende Gewißheit« an den Schluß der Überlegungen stellen: »die Ruhe, die Sabbatruhe ... steht noch bereit, und jetzt für das neue Volk Gottes, zu dem Schreiber und Leser gleicherweise gehören« (O. Kuss 55).

[10] interpretiert diese endzeitliche Sabbatruhe als Teilnahme am »Ruhen Gottes« (↗ [3b–5]) und verleiht so dem Gedanken noch eine besondere Tiefe: die räumliche Vorstellung vom »Land seiner Ruhe« ist letztlich ein Mittel, die Vollendung des Menschen in Gott auszusagen. »Der Ruheort ist im Hebr personal verstanden: er bedeutet die vollendete Gemeinschaft mit Gott, der mit den Seinen feiern wird« (M. Rissi, Theologie 128).

[11] kehrt wieder zu der Aussage von [1] zurück und bringt noch einmal den inneren Sinn der ausführlichen Ent-

Ruhe zu kommen, damit niemand aufgrund des gleichen Ungehorsams zu Fall kommt.

d) *Die richterliche Macht des Wortes Gottes:* 4^{12f}

12 Denn lebendig ist das Wort Gottes, kraftvoll und schärfer als jedes Weish 18^{15f}
zweischneidige Schwert; es dringt durch bis zur Scheidung von Seele
und Geist, von Gelenk und Mark; es richtet über die Regungen und
Gedanken des Herzens; 13 vor ihm bleibt kein Geschöpf verborgen,
sondern alles liegt nackt und bloß vor den Augen dessen, dem wir Rechenschaft schulden.

faltung von Ps 95$^{7-11}$ zur Sprache: Es geht darum, daß die christliche Gemeinde in ihrem durch die eschatologische Rede Gottes qualifizierten »Heute« besteht.

4^{12f} Ein feierliches, an Weish 18^{15f} (vgl. äth Hen 9^{5}) anklingendes Bekenntnis zur Macht des Wortes Gottes schließt den Abschnitt 3^{1} – 4^{13} ab. Es begründet zunächst die Mahnung in ^{11} (»denn«) und unterstreicht den Ernst der in 3^{1} – 4^{11} geforderten Entscheidung. Es führt darüber hinaus den Gedankengang wieder zu 1$^{1.2a}$ zurück und markiert noch einmal die eschatologische Rede Gottes im Sohn als tragendes Thema von 1^{1} – 4^{13}. Der Abschnitt gliedert sich in zwei Teile: ^{12} »beschreibt die Wirksamkeit des Wortes Gottes«, ^{13} »die Situation des Menschen vor dem lebendigen Gott, der uns in seinem Wort entgegentritt« (O. Michel 197).

^{12} umschreibt das Wirken des Wortes Gottes mit fünf auf Gott selbst verweisenden Aussagen: Es ist »lebendig« (vgl. Apg 7^{38} 1 Petr 1^{23} Dt 32^{47} Jes 55^{11}), weil es Ausdruck des »lebendigen Gottes« ist (3^{12} 10^{31} 12^{22}), und »kraftvoll« (vgl. 1 Kor 16^{9} Phil 1^{6}), weil es das Leben Gottes wirksam vermittelt. Der Vergleich mit dem scharfen zweischneidigen Schwert (vgl. Jes 49^{2} Weish 18^{16} vom Wort Christi: Offb 1^{16} 2$^{12.16}$ 19^{15}) läßt die richterliche Macht des Wortes aufleuchten, das den Menschen wie eine tödliche Waffe »durchdringen« und vernichten kann (vgl. etwa Jer 5^{14} 23^{29} Hos 6^{5} auch Philo, Her 130.136.207: Das Wort ist schneidend wie das scharfe Opfermesser!). Es »richtet« den Menschen von seinen innersten Regungen und Gedanken her (↗ 3^{12}). ^{13} Vor der göttlichen Macht dieses Wortes liegt das innerste Wesen des Menschen offen da (das Motiv ist häufig mit Bezug auf Gott: etwa Ps 33^{16f} 138^{7f} Philo, SpecLeg 3,52); es stellt ihn unter das Gericht Gottes, vor dem er Rechenschaft geben muß. Im gr. Text steht der Terminus »logos« am Anfang von ^{12} (= Wort Gottes) und am Ende von ^{13} (= Rechenschaft des Menschen): dem *Wort* Gottes muß die Ant-*Wort* des Menschen entsprechen.

II. DER SOHN ALS HOHERPRIESTER DER KÜNFTIGEN GÜTER: 4^{14}–10^{31}

1. Paränetische Einleitung und Exposition des Themas: 4^{14}–5^{10}

a) *Mahnung zum Festhalten am Bekenntnis:* 4^{14-16}

14 Da wir nun einen erhabenen Hohenpriester haben, der die Himmel
durchschritten hat, Jesus, den Sohn Gottes, laßt uns an dem Bekennt-
nis festhalten.
15 Wir haben ja nicht einen Hohenpriester, der nicht
mitfühlen könnte mit unserer Schwäche, sondern einen, der in allem
Mt 4^{1-11} wie wir in Versuchung geführt worden ist, aber nicht gesündigt hat.
10^{22}
16 Laßt uns also voll Zuversicht hingehen zum Thron der Gnade, da-

4^{15} wörtl: mit unseren Schwächen
wörtl. stärker: »sondern einen, der versucht worden ist in jeder Hinsicht auf ganz die gleiche Weise (doch) ohne Sünde« (O. Kuss 69)

4^{14-16} Der Hauptteil des Hebr beginnt mit einer prägnanten Zusammenfassung der christologisch-paränetischen Entfaltungen in $1^{1}-4^{13}$ und knüpft besonders an die Hohepriester-Aussage in 2^{17} und 3^{1} an. Der kleine Abschnitt markiert so (zusammen mit ↗ 10^{19-25}) die paränetische Intention der kulttheologischen Entfaltung des Bekenntnisses in 5^{1-10} 7^{1-28} $8^{1}-10^{18}$. Zwei parallel geformte Aussagereihen verbinden dabei jeweils den *Indikativ* der in Christus gewährten Heilswirklichkeit ($^{14a.15}$) mit einem auf deren Verwirklichung zielenden *Imperativ* ($^{14b.16a}$). ^{16b} nennt abschließend die der rechten Glaubenshaltung zugesagte Gabe.

^{14} Mit einer Häufung christologischer Aussagen umschreibt Vf das Heilswerk Christi: Der Präexistente (»Sohn Gottes«) ist Mensch geworden (»Jesus«) und aus der Erniedrigung von Gott zum Rettung gewährenden Hohenpriester erhöht worden (»der die Himmel durchschritten hat«). So – als bleibende Gegenwart des Heilswerkes und lebendiger Ausdruck einer neuen Heilswirklichkeit – ist er das »Haben« der Christen (vgl. 6^{19} 8^{1} 10^{19-22} 12^{1}). Diese sind ihrerseits zur gläubigen Verwirklichung der im Bekenntnis ausgesprochenen Lebensmöglichkeit aufgerufen.

$^{15.16a}$ entfalten die Aussagen von ^{14}: Der Sohn hat sich solidarisch in die Versuchbarkeit des Menschseins erniedrigt und diese »sündenlos« bestanden. Er ist als Erhöhter für immer von diesem Weg bestimmt, bleibt »uns« deshalb in all »unseren« Nöten zugewandt und eröffnet »uns« trotz unserer Schwäche den bislang verschlossenen Zugang zu Gott. Der Thron Gottes ist so für »uns« zum »Thron der Gnade« geworden. – Die von Gott geschenkte »Zuversicht« zum Eintritt in seine Gegenwart muß aber vom Menschen existentiell ergriffen werden (gr. parrhesia = »Zuversicht«, drückt im Hebr sowohl die von Gott gewährte Möglichkeit des Eintritts als auch deren subjektive Aneignung aus). Der Glaubende soll *jetzt schon* in einem von Hoffnung und Glauben getragenen Leben »hinzutreten« zum »Thron der Gnade« (gr. proserch-

mit wir Erbarmen und Gnade finden und so Hilfe erlangen zur rechten Zeit.

b) *Der Weg des Sohnes als priesterlicher Heilsdienst:* 5^1-10

1 Denn jeder Hohepriester wird aus den Menschen ausgewählt und für die Menschen eingesetzt zum Dienst vor Gott, um Gaben und Opfer für die Sünden darzubringen. 2 Er ist fähig, für die Unwissenden und Irrenden Verständnis aufzubringen, da auch er der Schwachheit unterworfen ist; 3 deshalb muß er für sich selbst ebenso wie für das Volk Sündenopfer darbringen. 4 Und keiner nimmt sich eigenmächtig diese Würde, sondern er wird von Gott berufen, so wie Aaron.

Lev 9^7

5 So hat auch Christus sich nicht selbst die Würde eines Hohenpriesters verliehen, sondern der, der zu ihm gesprochen hat:

4^16b wörtl: damit wir Erbarmen empfangen und Gnade finden zu rechtzeitiger Hilfe
5^4 wörtl.: nicht selbst die Würde verliehen, Hoherpriester *zu werden*...

esthai = [priesterlich] sich nahen – vgl. 7^25 10^22 11^16: das rechte christliche Leben wird geradezu als kultisches Geschehen verstanden). ^16b Denn nur dem, der »hinzutritt«, sind jetzt Hilfe in allen Versuchungen und am Ende das Heil zugesagt.

5^1-10 ist chiastisch geformt – ^1-3 (A), ^4 (B), ^5f (B'), ^6-10 (A') – und ordnet den Weg des Sohnes typologisch bestimmten Konstitutiva des Hohepriester-Amtes zu. Der Abschnitt leitet so die »Sohnes-Christologie« in die kulttheologisch ausgeformte »Hohepriester-Christologie« über und bietet darin zugleich eine thematische Exposition der Ausführungen in 7^1 – 10^18. In ^7-10 klingt offenbar ein ähnlich Phil 2^6-11 Kol 1^13f 1 Tim 3^16 geprägtes Traditionsstück nach, dessen Umfang nicht mehr genau auszumachen ist. Eine Rezeption der Gethsemani-Tradition in ^7 ist wenig wahrscheinlich.

^1-3 werten die *Menschlichkeit* des aaronitischen Hohenpriesters geradezu als Voraussetzung seines sazerdotalen Sühnedienstes, weil ihn erst die *Teilnahme an menschlicher Schwachheit* zum »Mitfühlen« mit der Not der Sünder befähigt. Vf erhebt diese Vorstellung freilich weder aus dem AT noch aus dem Frühjudentum, sondern trägt sie vom christologischen Beweis her an das atl. Bild des Hohenpriesters heran, um das »Erniedrigungsgeschehen als hohepriesterliche Qualifikation sichtbar« machen zu können (F. Laub, Bekenntnis 115).

^4 nennt als zweites Konstitutivum des Hohepriester-Amtes die Legitimation seiner Träger durch göttliche Berufung (vgl. etwa Ex 28^1 Num 3^10 16^1). Auch hier ist Hebr nicht an den Bedingungen des aaronitischen Amtes interessiert, sondern bereitet typologisch die christologische Aussage in ^5f vor.

^5f Vf möchte zunächst aufzeigen, daß die in ^4 genannte »Bedingung« des Hohepriester-Amtes von Christus erfüllt wird. Sein Dienst kann deshalb zu Recht in priesterlich-kultischen Kategorien beschrieben wer-

Ps 2[7] *Mein Sohn bist du.*
Heute habe ich dich gezeugt,
6 wie er auch an anderer Stelle sagt:
Ps 110[4] *Du bist Priester auf ewig*
nach der Ordnung Melchisedeks.
7 Als er auf Erden lebte, hat er mit lautem Schreien und unter Tränen
Mt 26[37f] Gebete und Bitten vor den gebracht, der ihn aus dem Tod retten
Mk 14[33f] konnte, und er ist erhört und aus seiner Angst befreit worden. 8 Ob-
Phil 2[8] wohl er der Sohn war, hat er durch Leiden den Gehorsam gelernt;

5[7] wörtl.: *Er* hat in den *Tagen seines Fleisches*... (↗ 2[14] 10[20]); statt: »aus seiner Angst« wäre auch »wegen seiner Gottesfurcht« als Übersetzung möglich; A. v. Harnack versuchte wegen inhaltlicher Probleme eine Konjektur: »und er ist *nicht* erhört worden ...«

5[7–9] gr. um zwei finite Verben gruppiert: Er *hat*..., obwohl er der Sohn war, durch Leiden *Gehorsam gelernt* und vollendet *ist er geworden*... der Urheber des ewigen Heils.

den. Dies bedeutet freilich nicht, daß er das Priester-Amt Christi auf eine Ebene mit dem aaronitischen Priestertum stellen und den Sohn den Institutionen der »alten Ordnung« zuordnen will. Schon durch das Zitat von Ps 110[4] weist er Christus unterscheidend als Träger eines neuen und ewigen Priestertums »nach der Ordnung Melchisedeks« aus. Der vorangestellte Ps 2[7] stellt die entscheidende Differenz klar: Das Priester-sein Christi geht aus seinem Sohn-sein hervor, es ist nicht etwas vom Sohn-sein Getrenntes, sondern das Sohn-sein im Hinblick auf das Heilswerk bzw. unter dem Aspekt der Heilswirkung. Deshalb ist auch nicht davon die Rede, daß Gott den Sohn durch einen bestimmten Akt zum Hohenpriester einsetzt. Der Sohn »*wird*« (s. Ü.) vielmehr durch den Heilsweg, den er aufgrund göttlicher Bestimmung geht, zum Heil wirkenden Hohenpriester und wird dann von Gott als solcher mit Ps 110[4] angeredet. D. h.: Hebr greift typologisch auf das atl. Hohepriester-Institut zurück, um Erniedrigung und Erhöhung des Sohnes in ihrer soteriologischen Bedeutung auszulegen. Damit bekommt der Hohepriester-Titel eine vom üblichen Gebrauch fundamental unterschiedene Bedeutung, steht er doch nun für das eschatologische Sühnehandeln *des Sohnes* und seine bleibende Heilswirkung. In der Rede vom Priestertum »nach der Ordnung des Melchisedek« (Ps 110[4]) findet Vf offenbar eine differenzierende Formel, um dieses aus dem Sohn-sein hervorgehende eschatologische Priestertum Jesu zu benennen. Kap. 7 wird die theologische Tragweite dieses Ausdrucks weiter entfalten.

[7–10] orientieren sich typologisch an [1–3] und wollen so die im Gehorsam bestandene und in die Erhöhung vollendete Erniedrigung des Sohnes als priesterliches Sühnehandeln verdeutlichen. Vf deutet die Verbindung durch die Wortwahl im gr. Text an (»darbringen« in [1f] und in [7] wird jeweils durch gr. prosferein wiedergegeben). – Inhaltlich baut der Abschnitt, der aus einer einzigen Satzperiode besteht, auf der Kernaussage in [8f] auf: »... (obwohl er der Sohn war) *hat er durch Leiden Gehor-*

[9] zur Vollendung gelangt, ist er für alle, die ihm gehorchen, der Ur-
heber des *ewigen Heils* geworden [10] und wurde von Gott angeredet Jes 45^{17} G
als »Hoherpriester *nach der Ordnung Melchisedeks*«. Ps 110^{4}

2. Paränetische Vorbereitung auf die »vollkommene Lehre« vom Hohepriestertum Christi: 5^{11}–6^{20}

a) *Mündiger und unmündiger Glauben:* 5^{11}–6^{3}

[11] Darüber hätten wir noch viel zu sagen; es ist aber schwer verständlich zu machen, da ihr schwerhörig geworden seid.

5^{11} wörtl.: Darüber (haben) wir eine lange Rede und schwer auslegbar (ist sie) zu sagen, da ihr stumpf geworden seid an den Ohren.

sam gelernt, zur Vollendung gelangt, ist er für alle, die ihm gehorchen, der Urheber des ewigen Heiles geworden ...« Die Rahmenverse [7] und [10] vertiefen die Aussage dieses entsprechend dem christologischen Erhöhungs- und Erniedrigungsschema geformten Basissatzes: [7] verdeutlicht die Erniedrigungsaussage und zeigt Jesus als sich Gott in tiefster Todesnot anvertrauenden Beter (vgl. 2^{17}). Die Passion findet so in der Sprachgestalt der Psalmen einen dem Leser vertrauten Ausdruck (vgl. besonders Ps 116). Die Erhöhung kommt in diesem Horizont entsprechend als Gebetserhörung zur Sprache und unterstreicht die Erniedrigungsaussage. [8a] »obwohl er der Sohn war« verweist auf die Präexistenzaussage in [5] und verschärft durch den Kontrast ebenfalls die Erniedrigungsaussage, ruft aber zugleich den soteriologischen Akzent von [5f] wieder in Erinnerung: weil es der *Sohn* ist, der sich im Gehorsam in den Tod gibt, bleibt seine Selbsthingabe nicht ins Menschliche gebunden, sondern hat eschatologisch-himmlische Bedeutung. [9] Deshalb wird Jesu »Vollendung« aus dem Tod auch zur »Vollendung« aller, die sich ihrerseits im Gehorsam an seinen Weg binden (↗ 2^{10-18} – zum mehrdeutigen Gebrauch von gr. »teleioun« = »vollenden« vgl. 2^{10} 7^{11}). [10] führt den Leser wieder zur Hohepriester-Anrede von Ps 110^{4} zurück (vgl. [6]); sie ist nun freilich durch die Aussagen in [7–9] inhaltlich vertieft: Insofern der Sohn den Weg durch die Erniedrigung gegangen ist und in seiner eigenen »Vollendung« auch »unsere« »Vollendung« bewirkt hat, erfüllt er das kultische Bemühen des alten Bundes und wird von Gott als Hoherpriester »nach der Ordnung Melchisedeks« angeredet. – Vf wird die hier nur angedeuteten Zusammenhänge in 8^{1} – 10^{18} weiter entfalten.

5^{11} – 6^{3} verbindet die Empfehlung der christologischen Ausführungen in (5^{1-10}) 7^{1} – 10^{18} mit einer kritischen Analyse des Glaubensstandes der Adr. Die Annahme des Hebr erscheint dabei geradezu als Prüfstein für deren Bereitschaft zum geistlichen Neubeginn. Vom Aufbau her korrespondieren der Blick auf die Situation der Adr (5^{11f}) und die Aufforderung zum Neubeginn (6^{1-3}) miteinander; ein antithetisches Bild-

[12] Denn obwohl ihr der Zeit nach schon Lehrer sein müßtet, braucht
1 Kor 3^{1-3} ihr von neuem einen, der euch die Anfangsgründe der Lehre von der
Offenbarung Gottes beibringt; Milch habt ihr nötig, nicht feste
Speise.
[13] Denn jeder, der noch mit Milch genährt wird, ist unfähig, richtiges
Reden zu verstehen; er ist ja ein unmündiges Kind; [14] feste Speise
aber ist für Erwachsene, deren Sinne durch Gewöhnung geübt sind,
Gut und Böse zu unterscheiden.
6^{1} Darum wollen wir beiseite lassen, was man zuerst von Christus verkünden muß, und uns dem Vollkommeneren zuwenden; wir wollen nicht noch einmal den Grund legen mit der Belehrung über die Ab-

5^{12} andere Übersetzungsmöglichkeit: habt ihr es wieder nötig, daß man euch einige Anfangsgründe... lehre und ihr seid solche geworden, die Milch nötig haben...

5^{13} wörtl: ist unkundig des Wortes der Gerechtigkeit – gemeint ist wohl: unkundig richtiger Rede in bezug auf die mangelnde Sprachfähigkeit des Säuglings

6^{1} wörtl: das Anfangswort des Christus = die Anfangslehre über Christus
wörtl: nicht von neuem legend das Fundament der Abkehr von den toten Werken

wort verbindet beide Aussagen (5^{13f}). In 6^{1f} nimmt Vf offensichtlich ein Traditionsstück auf, in dem die wichtigsten Inhalte der Taufkatechese zusammengestellt sind.

[11f] Das entscheidende Problem bei der Rezeption seiner »Mahnrede« sieht Vf in der mangelnden theologischen Aufnahmefähigkeit der Adr. Folgt man seinen Hinweisen, dann sind diese mit ihrem Glauben in den Anfangsgründen steckengeblieben und nicht über die Elementarlehren hinausgekommen (↗ 6^{1f}).

[13f] Kindheit und Reife – durch die Stichworte »Milch« und »feste Speise« in ihrem unterschiedlichen Vermögen gekennzeichnet – dienen Vf als Bild unterschiedlicher Entwicklungsstadien des Glaubens (vgl. 1 Kor 3^{13f} auch 1 Petr 2^{2}). Er vergleicht dabei die Adr mit Kindern, weil sie sich im Glauben immer noch mit der »Speise der Unmündigen« (= Elementarlehre) begnügen und deshalb weder der rechten Rede noch des tieferen Verstehens fähig sind. Dieser geistliche »Infantilismus« macht sie aber nicht nur unverständig gegenüber den christologischen Entfaltungen des Hebr, er hat sie auch hilflos gegenüber dem Druck der sichtbaren Welt werden lassen. Wollen sie nicht gänzlich den Boden unter den Füßen verlieren, dann müssen sie zu einer »mündigen« und »erwachsenen« Glaubenshaltung finden. Es geht dabei letztendlich um die Fähigkeit, auch in der Lehre »feste Speise« (wie den Hebr!) zu »genießen« und so in mündiger Verantwortung das Rechte zu tun.

6^{1-3} Vf zieht die Konsequenz aus der Reflexion des Glaubensstandes der Adr (5^{11f}) und dem Aufweis zweier Entwicklungsstadien des Glaubens (5^{13f}): Die Adr müssen zum »Vollkommeneren« voranschreiten und in der Annahme des Hebr einen ersten Schritt zu einem vertieften und mündig verantworte-

kehr von toten Werken, über den Glauben an Gott, [2] über die Taufen, die Handauflegung, die Auferstehung der Toten und das ewige Gericht; [3] das wollen wir dann tun, wenn Gott es will.

b) *Warnung vor dem Abfall:* 6[4–12]

[4] Denn es ist unmöglich, Menschen, die einmal erleuchtet worden sind, die von der himmlischen Gabe genossen und Anteil am Heiligen Geist empfangen haben, [5] die das gute Wort Gottes und die Kräfte

6[2] wörtl.: der Lehre von (den) Taufen und (der) Handauflegung
6[3] besser wohl: Und dieses werden wir tun, wenn Gott es gewährt (bezieht sich auf den in 6[1] angesprochenen Aufbruch zum neuen Glaubensverständnis, nicht auf die Wiederholung der Anfangslehren)
6[4] wörtl.: die einmal Erleuchteten
6[5] wörtl: die das gute Wort Gottes gekostet haben und die Kräfte des zukünftigen Äons

ten Glauben setzen ([1a.3]). [1b.2] führen noch einmal den Kanon jener »Elementarlehren« an, die zwar als bleibendes Fundament des Glaubens zu bewahren sind, bei denen der Glaubende aber nicht stehenbleiben darf. Vf hält den Adr offensichtlich einen »Taufkatechismus« vor Augen, der die Haupstücke ihrer eigenen präbaptismalen Unterweisung in drei Doppelgliedern zusammenstellt: 1. Die Grundentscheidung zum Monotheismus in der »*Abkehr von den toten Werken*« = Götzendienst (vgl. Weish 13[18] Tob 14[6]) und im »*Glauben an Gott*« (der Glaube an Christus wird nicht ausdrücklich genannt!); 2. als Grundinhalte der »sakramentalen« Praxis die »*Taufe*« und die mit ihr verbundene »*Handauflegung*« (vgl. Apg 8[17] 19[6]). In der pluralen Aussage von »den Taufen« deutet sich wohl die Praxis des dreimaligen Untertauchens bei der frühchristlichen Taufe an; 3. als eschatologische »Lehrstücke«, die »*Auferstehung von den Toten*« und das »*ewige Gericht*«. – Das erste Doppelglied weist auf Taufbewerber, die aus dem Heidentum kamen (↗ Einl. 6b).

6[4–12] Der harte Lehrsatz von der Unmöglichkeit der »zweiten Buße« (↗ 10[26f] 12[16f]) soll die Dringlichkeit der Mahnung in 6[1–3] unterstreichen: »Stehenbleiben« bedeutet auf dem Feld des Glaubens »Rückschritt«, »Zurückbleiben« aber kann zum »Abfall« führen. Bei der theologischen Beurteilung dieser zugespitzten Aussagen ist freilich die paränetische Intention des Zusammenhangs zu beachten: Der Lehrsatz von der Unmöglichkeit der »zweiten Buße« ([4–6]) mündet in ein Bildwort über Heil und Unheil ([7f]), das den Blick wieder auf die Gemeinde lenkt, die Vf zwar grundsätzlich im Heil glaubt, aber vor der schrecklichen *Möglichkeit* des Abfalls warnen will ([9–12]).

[4–6] Die sich über drei Verse erstreckende Periode baut auf folgenden Basissatz auf: »*Denn es ist unmöglich, die einmal erleuchtet worden ... und dann abgefallen sind, wieder zur Umkehr zu erneuern ...*« Die fünffache Beschreibung der Taufgnade und der Hinweis auf den Kreuzestod Jesu deuten die theologischen Hintergründe der Aussage an: Es gibt

der zukünftigen Welt kennengelernt haben, 6 dann aber abgefallen sind, erneut zur Umkehr zu bringen; denn sie schlagen jetzt den Sohn Gottes noch einmal ans Kreuz und machen ihn zum Gespött.
7 Wenn ein Boden den häufig herabströmenden Regen trinkt und denen, für die er bebaut wird, nützliche Gewächse hervorbringt, emp-
Gen 1^{11f} fängt er Segen von Gott; 8 trägt er aber *Dornen und Disteln,* so ist er
Gen 3^{17f} nutzlos und vom Fluch bedroht; sein Ende ist die Vernichtung durch Feuer.
9 Bei euch aber, liebe Brüder, sind wir trotz des Gesagten vom Besseren überzeugt und davon, daß ihr am Heil teilhabt. 10 Denn Gott ist nicht so ungerecht, euer Tun zu vergessen und die Liebe, die ihr seinem Namen bewiesen habt, indem ihr den Heiligen gedient habt und noch dient. 11 Wir wünschen aber, daß jeder von euch im Blick auf

6^{6} wörtl.: und abgefallen sind, wieder zur Umkehr zu erneuern, denn sie kreuzigen den Sohn Gottes sich zum Schaden (gr. heautois = dat. incommodi)
6^{8} wörtl: dessen Ende zum Verbrennen (führt)
6^{9} Die LA »Geliebte« ist weitaus besser bezeugt als »liebe Brüder«
wörtl.: vom Besseren und dem, was zum Heil gehört
6^{10} wörtl.: die ihr auf seinen Namen hin erwiesen habt

nur eine *einzige*, ein für allemal im Kreuz Jesu Christi bewirkte eschatologische Entsühnung. Sie wird dem Glaubenden auch nur *einmal* in der Taufe zugeeignet. Für den, der diese Gabe wieder aus den Händen gibt, steht deshalb keine andere Entsühnung bereit (↗ 12^{17}). Vf bezieht diese Aussagen freilich nicht direkt auf die Adr (↗ ^{9}), er möchte ihnen vielmehr mit starken emotionalen Akzenten die unvorstellbaren Dimensionen der Apostasie vor Augen stellen. Er scheut sich dabei nicht, den Glaubensabfall als existentiell nachvollzogene Kreuzigung Christi zu begreifen und markiert gerade durch die fülllige Beschreibung der Taufgaben mit Nachdruck die »Fallhöhe« der christlichen Existenz. – In ^{4f} sind nicht einzelne Heilsgaben des Christseins im Blick, es wird vielmehr die Taufgnade unter verschiedenen Aspekten beschrieben.

^{7f} Ein Bildwort veranschaulicht die Aussagen von $^{4-6}$ und stellt nochmals klar: In der Annahme und Bewahrung der Gaben Gottes entscheidet der Mensch zwischen Heil und Unheil. Die doppelte Umschreibung der Verwerfung will dabei neben der Androhung des Endgerichtes auch den Gegenwartsbezug des Fluches betonen: Schon jetzt muß der Apostat statt in der »Zuversicht« in der »sicheren Erwartung des Gerichtes« leben (↗ 10^{26f}).

^{9f} Die harten Worte in $^{4-6}$ sollen die Adr nicht entmutigen, sondern aus geistlicher Trägheit zur Vertiefung des Glaubens aufrufen. Vf wendet sich ihnen deshalb mit besonderer Herzlichkeit zu (»Geliebte« nur hier in Hebr!) und versichert, daß er für sie von der »besseren« der beiden in ^{7f} genannten Möglichkeiten überzeugt ist. Denn sie können auf vielfache Übungen tätiger Liebe verweisen (↗ 10^{32}). ^{11} fordert dann freilich doch mit großem Nachdruck (gr. epithymein drückt ein dringliches Verlangen aus) zur Beharrlichkeit in

den Reichtum unserer Hoffnung bis zum Ende den gleichen Eifer zeigt, [12] damit ihr nicht müde werdet, sondern Nachahmer derer seid, die aufgrund ihres Glaubens und ihrer Ausdauer Erben der Verheißungen sind.

c) *Die Sicherheit der christlichen Hoffnung:* 6^{13-20}

[13] Als Gott dem Abraham die Verheißung gab, *schwor er bei sich* Gen 22^{16}
selbst, da er bei keinem Höheren schwören konnte, [14] und sprach: Gen 22^{17}
Fürwahr, ich will dir Segen schenken in Fülle und deine Nachkommen überaus zahlreich machen. [15] So erlangte Abraham durch seine Ausdauer das Verheißene. [16] Menschen nämlich schwören bei dem Höheren; der Eid dient ihnen zur Bekräftigung und schließt jeden weiteren

6^{12} wörtl.: damit ihr nicht träge werdet
6^{13} wörtl.: *Denn* als Gott
6^{14} wörtl.: Segnend will ich dich segnen und mehrend dich mehren (figura etymologica)
6^{15} wörtl.: erlangte er die Verheißung (gemeint ist von der Sache her freilich die Erfüllung der Verheißung)
6^{16} wörtl.: und als Ende jedes Widerspruchs (dient) ihnen zur Bekräftigung der Eid

der Hoffnung auf. Hier nämlich zeigt sich bei den Adr offenbar jene innere »Trägheit«, die Vf in 5^{11f} tadelt und aus der er sie mit seiner »Mahnrede« und mit seinem $13^{19.23}$ angekündigten Besuch herausführen möchte (↗ 2^{5-9}). Auch tätige Liebe muß aus der Tiefe des Glaubens kommen und von der Hoffnung getragen sein, wenn sie Bestand haben soll.

6^{13-20} hält der schwankenden Hoffnung der Adr die Unverbrüchlichkeit der Zusagen Gottes entgegen: $^{13-15}$ exemplifizieren an Abraham das fest auf Gottes Verheißungen bauende Vertrauen; $^{16-20}$ applizieren diese Haltung auf die christliche Gemeinde und leiten zur weiteren Entfaltung der Hohepriester-Christologie über.

$^{13f-14}$ Aus Gen 22^{16f} schließt Vf, daß Gott dem Abraham nicht nur die *Verheißung* gegeben, sondern diese auch eigens durch einen *Eid* bekräftigt hat. Gen 22^{17} wird im Wortlaut als Eidesformel zitiert. [15] Aufgrund dieser doppelt verankerten Gewißheit vertraute Abraham in ungebrochener Zuversicht der Verheißung, auch wenn er deren letzte Vollendung noch nicht erfahren konnte (↗ $11^{8-12.17-19}$). Der Anschluß an ^{13f} (gr. houtos = »so«, »demnach«, »darum«, zieht die Folgerung aus dem Vorhergehenden!) läßt die innere Korrespondenz zwischen der göttlichen Zusage und der »Ausdauer« des Abraham deutlich erkennen.

$^{16-20}$ Mit einer den modernen Leser fremd anmutenden Überlegung versucht Vf, die unverbrüchliche Sicherheit der Zusagen Gottes mit exegetischen Mitteln argumentativ zu erweisen. Indem Gott »bei sich selbst« als dem höchsten, was es gibt, geschworen hat, ist die unwandelbare Gewißheit der Verheißung belegt

Einwand aus; 17 deshalb hat Gott, weil er den Erben der Verheißung
ausdrücklich zeigen wollte, wie unabänderlich sein Entschluß ist, sich
mit einem Eid verbürgt. 18 So sollten wir durch zwei unwiderrufliche
Taten, bei denen Gott unmöglich täuschen konnte, einen kräftigen
Ansporn haben, wir, die wir unsere Zuflucht dazu genommen haben,
die dargebotene Hoffnung zu ergreifen. 19 In ihr haben wir einen si-
Lev $16^{2.12}$ cheren und festen Anker der Seele, der hineinreicht *in das Innere hin-
ter dem Vorhang;* 20 dorthin ist Jesus für uns als unser Vorläufer hin-
Ps 110^4 eingegangen, er, der *nach der Ordnung Melchisedeks* Hoherpriester ist
auf ewig.

6^{18} wörtl.: das vorhandene bzw. das vor uns liegende Hoffnungsgut

(die Reflexion über den Gottesschwur knüpft an synagogale Auslegungstraditionen an: vgl. Philo, All III, 203ff, mit Bezug auf Gen 22^{12}, vgl. auch Sacr 93). Die Argumentation verfolgt eine paränetische Absicht: Sie will die Adr dazu ermutigen, sich wie Abraham den Zusagen Gottes mit neuer Hoffnung anzuvertrauen und so ihren Glauben von innen her wieder mit Leben zu erfüllen. Vf denkt dabei aber nicht daran, daß die an Abraham ergangene Verheißung und der sie bekräftigende Eid ungebrochen für die christliche Gemeinde Geltung hätten. Er sieht die Christen vielmehr bereits in einem neuen »Heute« der eschatologischen Verheißung, die weit über die Zusagen an Abraham hinausreicht. Weil aber die »neue Ordnung« in der »alten Ordnung« vorabgebildet ist und »Gott in Christus wieder als der Verheißende handelt, läßt sich das Geschehen im Sohn zu dem Geschehen der Verheißung in Abraham in Beziehung setzen« (H. Köster, Auslegung 108). Wie die Väter sich unter den Bedingungen der alten Ordnung auf Gottes Ruf eingelassen haben, so sollen sich die Christen der durch das Hohepriestertum Christi begründeten eschatologischen Zusage Gottes anvertrauen. – Fast unmerklich führt Vf die Leser so wieder in den Horizont der Hohepriester-Christologie zurück, den er 5^{1-10} im Umriß angedeutet hat und in 7^{1-28} $8^1 - 10^{18}$ weiter entfalten wird. Nochmals (vgl. 4^{14-16}) bekräftigt er dabei deren paränetische Intention: Christus ist als »Vorläufer« (↗ 12^2) in das himmlische Heiligtum vorausgegangen und hat so auch uns diesen Weg eröffnet. Wer sich an ihn in der Hoffnung bindet, ist jetzt schon in der himmlischen Vollendungswirklichkeit »verankert« (das Bild vom Anker gebraucht die Antike häufig für die Hoffnung).

7^{1-10} legt zwar Gen 14^{17-20} aus, knüpft aber thematisch an das Zitat von Ps 110^4 in 6^{20} an (»*dieser* Melchisedek ...«). Vf »will erklären, was es bedeutet, daß der Christus im Himmel Priester nach der Ordnung des Melchisedek ist« (M. Rissi, Theologie 83). Seine Ausführungen sind deshalb nicht an der Person des Melchisedek, sondern am christologischen Beweis interessiert. Auch die Aussagen in $^{3.8}$, die Melchisedek als übergeschichtlich-transzendente Gestalt erscheinen lassen könnten, erklären sich so als »Argument der christologischen Ewigkeitsaussage« (F. Laub, Bekenntnis 240): $^{1-3}$ orientieren sich mehr grundsätzlich auf Person und Amt des Melchisedek,

3. Der Sohn als Hoherpriester nach der Ordnung Melchisedeks: 7^{1-28}

a) *Das Schriftzeugnis über Melchisedek als christologisches Argument:* 7^{1-10}

1 Dieser *Melchisedek, König von Salem und Priester des höchsten Got-* Gen 14^{17-20}
tes; er, der *dem Abraham, als dieser nach dem Sieg über die Könige zu-*
rückkam, entgegenging und *ihn segnete*
2 und welchem Abraham *den*
Zehnten von allem gab; er, dessen Name »König der Gerechtigkeit«
bedeutet und der auch *König von Salem* ist, das heißt »König des
Friedens«;
3 er, der ohne Vater, ohne Mutter und ohne Stammbaum
ist, ohne Anfang seiner Tage und ohne Ende seines Lebens, ein Ab-
bild des Sohnes Gottes: dieser Melchisedek bleibt *Priester* für immer. Ps 110^{4}
4 Seht doch, wie groß der ist, dem selbst Abraham, der Patriarch, *den*
Zehnten vom Besten der Beute *gab*!
5 Zwar haben auch die von den Gen 14^{20}
Söhnen Levis, die das Priesteramt übernehmen, den Auftrag, den ge- Num 18^{21}
setzmäßigen Zehnten vom Volk zu erheben, das heißt von ihren Brü-

7^{3} wörtl.: »ähnlich (bzw. gleichgestaltet) seiend aber dem Sohne Gottes

$^{4-10}$ werten die Verzehntung und Segnung des Abraham aus. – Die Argumentation knüpft neben Gen 14^{17-20} wohl auch an zeitgenössische Melchisedek-Spekulationen an (dabei wird häufig auf 1 Q Melch verwiesen). Wenig wahrscheinlich aber ist die Vermutung, daß in $^{(1.2b)\,3.25f}$ ein (jüdisch-hellenistischer? christlicher?) Melchisedek-Hymnus nachklingt.

$^{1-3}$ stellen zunächst die für den Argumentationsgang wichtigen Aussagen aus Gen 14^{17-20} zusammen. Dabei entdeckt Vf im Anschluß an die jüdische Auslegungstradition (vgl. Philo, All III 79 – 81) schon im Namen und Titel des Melchisedek messianische Implikationen (»Friede« und »Gerechtigkeit« als Attribute der messianischen Zeit etwa Jes 9^{5f} Jer 23^{5f} Sach 9^{9f} TestJud 24^{1}). Bedeutung für den christologischen Beweis gewinnt auch das Schweigen der Schrift: Das Herkommen des Melchisedek bleibt Gen 14^{17-20} im Dunkeln, Anfang und Ende seines Lebens werden nicht erwähnt. Er verkörpert von daher für Vf ein nicht durch priesterlichen Stammbaum legitimiertes ursprüngliches »Priestertum des Anfangs«, in dem sich das ewige Priestertum der »Endzeit« vorankündigt. Als Klarstellung fügt er sogleich hinzu, daß er von Melchisedek als »Abbild des Sohnes Gottes« spricht, in seiner Darstellung also Aussagen über Christus und Melchisedek ineinanderfließen.

^{4} Die rabbinische Exegese von Gen 14^{19f} (Verzehntung und Segen Abrahams) verwandte viel Scharfsinn darauf, die Vorstellung einer Unterordnung des Abraham unter Melchisedek auszuschließen. Gerade dieser Gedanke aber ist Vf im Interesse der christologischen Argumentation wichtig. Er betont deshalb sogleich: »Seht doch, *wie groß* der ist ...«

$^{5-7}$ Anders als Num 18^{20-32} versteht Hebr die Verzehntung des Volkes durch die Leviten als deren *priesterliches* Vorrecht und wertet deshalb auch Gen 14^{19f} als Ausdruck der

dern, obwohl auch diese aus Abraham hervorgegangen sind; [6] jener
aber, der seinen Stammbaum nicht von ihnen herleitet, hat von Abra-
ham *den Zehnten* genommen und den Träger der Verheißungen *ge-*
segnet. [7] Zweifellos wird aber immer der Geringere von einem Höhe-
ren gesegnet. [8] Und in dem einen Fall nehmen den Zehnten sterbliche
Menschen, im andern aber einer, von dem bezeugt wird, daß er lebt.
[9] Und in Abraham hat sozusagen auch Levi, der den Zehnten nimmt,
den Zehnten entrichtet; [10] denn er war noch im Leib seines Stammva-
Gen 14^{17} ters, als *Melchisedek ihm entgegenging.*

b) *Das eschatologische Priestertum des Sohnes:* 7^{11-25}

[11] Wäre nun die Vollendung durch das levitische Priestertum gekom-
men – das Volk hat ja darüber gesetzliche Bestimmungen erhalten –,

7^5 wörtl.: aus der Lende Abrahams (↗ [10])
wörtl. stärker: ohne allen Widerspruch, ohne jede Widerrede

überlegenen *priesterlichen* Stellung des Melchisedek. Vf legt so dem Leser die nicht ausgeführte Folgerung nahe, daß sich in Melchisedek ein besonderes Priestertum anzeige, daß selbst über Abraham, dem Träger der Verheißung, und damit auch über der levitischen Priesterschaft steht. [8] klärt in diesem Sinne die für den christologischen Beweis entscheidende Differenz zwischen beiden Priesterordnungen: Der levitische Priesterdienst ist durch die menschliche Sterblichkeit begrenzt und kann nur in der ständigen Ablösung der Generationen durchgehalten werden, dem Melchisedek dagegen bezeugt die Schrift bleibendes Leben. Wieder öffnet Vf die Aussagen über Melchisedek auf Christus hin (↗ [3]). Für ihn ist letztendlich nur der christologische Bezug wichtig: Es gibt ein die levitische Ordnung überragendes Priestertum, das schon von Urzeiten her deren eschatologische Ablösung durch das bleibende Priestertum des Sohnes ankündigt. [9f] führen wieder zum Ausgangspunkt der Argumentation in [4] zurück, beziehen aber nun ausdrücklich Levi und damit die levitische Priesterschaft in das Geschehen ein: Da Levi zur Zeit der Begegnung in Gen 14^{19f} noch »im Leibe Abrahams« war, hat er mit diesem zusammen Melchisedek den Zehnten entrichtet. So hat die levitische Priesterschaft noch bevor sie als feste Einrichtung installiert worden ist, den Vorrang des Melchisedek und damit ihre Ablösung durch das eschatologische Priestertum »nach der Ordnung Melchisedeks« anerkannt.

7^{11-25} Vf sucht nun direkt das eschatologisch Neue des Priestertums Christi darzulegen und im ständigen Vergleich mit dem levitischen Priesterdienst seine einzigartige soteriologische Bedeutung herauszuarbeiten. Als Argumentationsbasis dient Ps 110^4, dessen stufenweise Auslegung den Aufbau des Abschnitts bestimmt: [11–19] das eschatologische Priestertum des Sohnes (»Priester ... nach der Ordnung Melchisedeks«), [20–22] seine unverbrüchliche Gründung (»der Herr hat geschworen«), [23–25] sein Ewigkeitscharakter (»Priester ... auf ewig«).

warum mußte dann noch ein anderer *Priester nach der Ordnung Mel- chisedeks* eingesetzt werden, und warum wurde er nicht nach der Ordnung Aarons benannt? 12 Denn sobald das Priestertum geändert wird, ändert sich notwendig auch das Gesetz. 13 Der nämlich, von dem das gesagt wird, gehört einem anderen Stamm an, von dem keiner Zutritt zum Altar hat; 14 es ist ja bekannt, daß unser Herr dem Stamm Juda entsprossen ist, und diesem hat Mose keine Priestersatzungen gegeben. 15 Das ist noch viel offenkundiger, wenn nach dem Vorbild Melchisedeks ein anderer Priester eingesetzt wird, 16 der nicht, wie das Gesetz es fordert, aufgrund leiblicher Abstammung Priester geworden ist, sondern durch die Kraft unzerstörbaren Lebens. 17 Denn es wird bezeugt:

Ps 110^{4}

Du bist Priester auf ewig
nach der Ordnung Melchisedeks. Ps 110^{4}

7^{13} wörtl.: von denen sich keiner mit dem Altar befaßt hat
7^{14} wörtl.: über den Mose hinsichtlich der Priester nichts gesagt hat
7^{15} nach dem Vorbild = wörtl.: in der gleichen Weise wie (vgl. zu kat' homoioteta 4^{15})
7^{16} wörtl.: der (es) nicht nach dem Gesetz einer fleischlichen (= der irdischen Sphäre angehörigen) Vorschrift geworden ist

^{11} verbindet die Ausführungen über das Priestertum Christi von vornherein mit der Frage der Heilsvermittlung: Ein Priester nach der eschatologischen »Ordnung des Melchisedeks« mußte deshalb eingesetzt werden, weil der levitische Priesterdienst den Zugang zu Gott nicht bewirken konnte (gr. teleiosis = »Vollendung«, in LXX u. a. für die priesterliche Befähigung zum Kult, hier für die durch Christus bewirkte Befähigung des Menschen, sich Gott zu nahen: vgl. 7^{18} 9^{9} 10$^{1-14}$). ^{12} Da aber der Priesterdienst in engem Zusammenhang mit der religiösen Grundordnung des Volkes steht (↗ 10^{8f}), bedeutet die Einsetzung eines Priesters »nach der Ordnung Melchisedeks« nicht nur einen Wechsel im Priesteramt, sondern einen generellen Wechsel der Heilsordnung (↗ Kap. 8). ^{13f} Diese heilsgeschichtliche Wende liest Vf bereits an der irdischen Herkunft Jesu ab: Er entstammt nicht-priesterlichem Geschlecht, hätte also nach levitischer Ordnung niemals Priester werden können. Seine Abkunft aus dem Stamme Juda weist ihn aber als messianischen Davididen und damit als Träger einer viel höher anzusetzenden Priesterwürde aus (in »aufsprossen« klingt die Messiasbezeichnung »Sproß« nach: vgl. Lk 1^{78} Jer 23^{5} Sach 3^{8} 6^{12}). Noch weiter führen $^{15-17}$: Das levitische Priestertum ist durch das Gesetz der leiblichen Abstammung konstituiert und gehört somit dem »irdischen Bereich« an, der von Vergänglichkeit gezeichnet ist und aus sich heraus keine bleibende Rettung des Menschen bewirken kann. Jesus Christus dagegen gehört als Sohn dem »himmlischen Bereich« an, er vermittelt deshalb als »Hoherpriester der künftigen Güter« (9^{10}) eschatologisch-bleibende Vollendung. Wieder bedient sich Vf der Kategorien des alexandrinischen Dualismus, um den Wesensunterschied zwischen beiden Priesterord-

18 Das frühere Gebot wird nämlich aufgehoben, weil es schwach und
nutzlos war – 19 denn das Gesetz hat nicht zur Vollendung geführt –,
und eine bessere Hoffnung wird eingeführt, durch die wir Gott nahe
kommen.
20 Das geschieht nicht ohne Eid; jene anderen sind ohne Eid Priester
geworden, 21 dieser aber durch einen Eid dessen, der zu ihm sprach:
Ps 110^{4} *Der Herr hat geschworen, und nie wird es ihn reuen:*
Du bist Priester auf ewig.
22 So ist Jesus auch zum Bürgen eines besseren Bundes geworden.
23 Auch folgten dort viele Priester aufeinander, weil der Tod sie hin-
Ps 110^{4} derte zu bleiben; 24 er aber hat, weil er *auf ewig* bleibt, ein unvergäng-
liches Priestertum. 25 Darum kann er auch die, die durch ihn vor Gott
hintreten, für immer retten; denn er lebt allezeit, um für sie einzutre-
ten.

7^{18f} wörtl. antithetisch: »Denn es erfolgt *zwar* die Aufhebung eines früheren Gebots..., es geschieht *aber* die Einführung einer besseren Hoffnung...«

nungen herauszustellen. ^{18f} fassen zusammen: Allein das »ewige Priestertum« des Sohnes vermag den Zugang zu Gott zu eröffnen. Auf ihn ist der Leser deshalb aufs Neue verwiesen. Der Blick auf die alte Ordnung dient der Vergewisserung der in Christus befestigten Hoffnung.

$^{20-22}$ Vf greift noch einmal die einleitende Schwurformel aus Ps 110^{4} auf (vgl. 6^{13-20}). Im gr. Text sind dabei zwei unterschiedliche Aussagereihen kunstvoll ineinander gefügt: Die Rahmenaussage (s. Ü.!) deutet die eidliche Zusage Gottes als Ausdruck der bleibend-gültigen »Qualität« des Priestertums Jesu, durch das jetzt schon der neue Bund begründet und seine Vollendung fest verbürgt ist (↗ Kap. 8). Die in diesem Rahmen eingesprengte Paranthese bekräftigt diesen Gedanken durch den Vergleich mit dem levitischen Priestertum: Da diesem eine solche eidliche Zusage nicht gegeben ist (wieder wird das Schweigen der Schrift zum Beweis!), ist es durch Gott selbst als vorläufiges Institut ohne bleibende Heilswirkung kenntlich gemacht. Die abgestufte Verbindlichkeit der göttlichen Zusage bei der Gründung des alten und neuen Priestertums drückt das unterschiedliche Wesen und die unterschiedliche Heilswirksamkeit beider »Ordnungen« aus.

^{23f} Der levitische Priesterdienst wird von einer »sukzessiven Mehrheit« (G. Lüdemann) wahrgenommen und steht deshalb ganz im Zeichen irdischer Verfaßtheit. Ein irdisch-vorläufiger Priesterdienst aber kann nicht das ewige Heil bewirken. Dem Priestertum des Sohnes ist dagegen durch Ps 110^{4} Einheit und Dauer zugesagt, wodurch es als himmlisch-ewige, das eschatologische Heil vermittelnde Setzung ausgewiesen wird.

^{25} Damit aber ist für Vf von der Schrift her sichergestellt, daß dieser Hohepriester durch sein Heilswerk »uns« das eschatologische »Hinzutreten zu Gott« (4^{16}) ermöglicht hat. Die bleibende Präsenz dieses Heilswerkes im Erhöhten ist hier in die traditionelle Vorstellung gefaßt, daß Jesus als Hoherpriester vor Gott fürbittend für die Seinen eintritt (↗ 9^{24} vgl. Röm 8^{34} 1 Joh 2^{1}). Vf kehrt so zum Ausgangspunkt seiner Argumentation in ^{11} zurück und stellt den

c) *Bekenntnis zum wahren Hohenpriester Jesus Christus:* 7^{26-28}

^{26} Ein solcher Hoherpriester war für uns in der Tat notwendig: einer,
der heilig ist, unschuldig, makellos, abgesondert von den Sündern
und erhöht über die Himmel; ^{27} einer, der es nicht Tag für Tag nötig
hat, wie die Hohenpriester zuerst für die eigenen Sünden Opfer dar- Lev $16^{6.15}$
zubringen und dann für die des Volkes; denn das hat er ein für alle-
mal getan, als er sich selbst dargebracht hat. ^{28} Das Gesetz nämlich
macht Menschen zu Hohenpriestern, die der Schwachheit unterwor-
fen sind; das Wort des Eides aber, der später als das Gesetz kam,
setzt *den Sohn* ein, der *auf ewig* vollendet ist. Ps 2^7 110^4

Adr ermutigend das Bild des erhöhten Hohenpriesters Jesus Christus vor Augen, in dem »unser« Zugang zu Gott ein für allemal eröffnet ist.

7^{26-28} Mit einer bekenntnishaften Zusammenfassung wird das »Melchisedek-Kap.« beschlossen und zugleich auf die Betrachtung des Heilswerkes Christi in 8^1-10^{18} hin geöffnet.

$^{26-27}$ Die verschiedenen Überlegungen in Kap. 7 haben nach Meinung des Vf klargestellt, daß nur ein dem himmlisch-ewigen Bereich zugehöriger Hoherpriester in der Lage ist, den Menschen Rettung zu bringen. Die Einsetzung des Sohnes zum eschatologischen Hohenpriester »nach der Ordnung Melchisedeks« erscheint ihm darum als Ausdruck der inneren »Logik« des Heilswillens Gottes (ähnl. $2^{10.17}$ 7^{12} 8^{1-3} 9^{22f}). In feierlichem Prädikationsstil bekennt er deshalb das »Wesen« dieses wahren Hohenpriesters: Seine alle levitischen Vorschriften weit übersteigende Reinheit und Gottesnähe weist ihn als Träger des wahren und allein wirksamen Kultes aus. Das aaronitische Hohepriestertum ist dagegen schon am Opfer für die eigenen Sünden als nur irdisch gegründet zu erkennen. Vf spricht bewußt überspitzt vom »täglichen Sündopfer« des menschlichen Hohenpriesters (anders $9^{7.25}$ $10^{1.3}$). Ungenau ist auch die Redeweise, die das einmalige Sühnopfer Christi mit dem Sühneritus des aaronitischen Hohenpriesters in Parallele zu setzen scheint. Gemeint ist, daß dieser eschatologische Hohepriester, der in der Versuchung sündenlos geblieben ist und in seinem Selbstopfer die Entsühnung des Volkes ein für allemal bewirkt hat, allen irdischen Opferkult eschatologisch überbietet und beendet. ^{28} stellt noch einmal die angesichts der Glaubensnot der Adr so wichtige eschatologische Gründung des Priestertums Christi heraus: In ihm ist das Heil unverbrüchlich und bleibend befestigt.

8^{1-13} fungiert als thematische Exposition der bis 10^{18} reichenden typologischen Interpretation des Heilswerkes Christi. Drei ineinander übergehende Gedankengänge bieten einen Überblick über die im Folgenden abgehandelten Themen: $^{1-3}$ das Opfer Christi als endzeitliche Liturgie (vgl. 9^{1-14}), $^{4-6}$ der neue Bund als Frucht dieses Opfers (vgl. 9^{15-28}), $^{7-13}$ die Ablösung der alten Ordnung durch den neuen Bund (vgl. 10^{1-18}).

4. Der priesterliche Dienst des Sohnes: 8^{1}–10^{18}

a) *Die Liturgie des neuen Bundes:* 8^{1-13}

1 Die Hauptsache dessen aber, was wir sagen wollen, ist: Wir haben
Ps 110^{1} einen Hohenpriester, der sich *zur Rechten* des Thrones der Majestät
Num 24^{6} G im Himmel *gesetzt hat,* 2 als Diener des Heiligtums und *des* wahren
Zeltes, das der Herr selbst aufgeschlagen hat, nicht etwa ein Mensch.
3 Denn jeder Hohepriester wird eingesetzt, um Gaben und Opfer dar-
zubringen; deshalb muß auch unser Hoherpriester etwas haben, was
er darbringen kann.
4 Wäre er nun auf Erden, so wäre er nicht einmal Priester, da es hier
schon Priester gibt, die nach dem Gesetz die Gaben darbringen. 5 Sie
Kol 2^{17} dienen einem Abbild und Schatten der himmlischen Dinge, nach der

8^{1} wörtl.: (Die) Hauptsache aber bei dem, was dargelegt (gesagt) wird, (ist:) wir haben einen *solchen* Hohenpriester... (Bezug auf Kap. 7!)

8^{2} besser: als *Liturge* des Heiligtums (der gr. Wortstamm leitourg- zielt im Hebr meist auf den kultisch-priesterlichen Opferdienst)

8^{4} wörtl.: weil (es) die (gibt), die nach dem Gesetz die Gaben darbringen

^{1} orientiert den Leser wieder auf die Kernaussage des Hebr: »*Wir*«, die christliche Gemeinde, »*haben*« in dem zur Rechten Gottes sitzenden Jesus Christus *den* Hohenpriester, dessen wir um unseres Heiles willen bedürfen (↗ 4^{14}). In $^{2.3}$ bringt Vf erstmals jenen Gedanken ins Spiel, der ihn bis 10^{18} beschäftigen wird: Jesus hat nicht nur eine priesterlich-soteriologische Stellung inne (Kap. 7), er vollzieht auch *die Liturgie des himmlischen Heiligtums* (gr. leitourgos!). Dabei ist freilich nicht an einen besonderen »himmlischen« Kult des Erhöhten gedacht, sondern an den Kreuzestod, den Vf hier als eschatologisches Opfer des wahren Hohenpriesters deutet (↗ $9^{11.24}$): Da Jesus als Sohn durch sein Selbstopfer in die Gegenwart Gottes eingegangen ist, gehört dieses, auch wenn es auf Erden geschehen ist, nicht der irdischen, sondern der himmlischen Wirklichkeit an: es hat eschatologisch-ewige »Qualität«. Die Verbindung des Opfers Jesu mit dem himmlischen Heiligtum soll somit nicht den kultischen Dienst Jesu im Himmel lokalisieren, sondern die in der Erhöhung verankerte bleibende soteriologische Bedeutung seiner Selbsthingabe ausdrücken.

$^{4-6}$ wollen durch Abgrenzungen das in $^{1-3}$ gezeichnete Bild der »eschatologischen Liturgie« des wahren Hohenpriesters weiter verdeutlichen: Der levitische Kult ist irdisch verfaßt und vollzieht sich nur am »Abbild und Schatten« der himmlischen Wirklichkeit (↗ 9^{23} 10^{1} – das Urbild-Abbild-Schema mit Bezug auf Ex 25^{40} auch bei Philo, All III 102 Vit Mos II 74). Das Opfer Christi, das der himmlischen Wirklichkeit zugehört, konnte sich deshalb nicht im Rahmen der levitischen Kultordnung vollziehen (»auf Erden« für die nur irdische Wirklichkeit ↗ 12^{25f}). Weiterhin bedient sich Vf räumlich-dualistischer Kategorien, um die allem irdischen Opferkult nicht vergleichbare eschatologische »Qualität« des Opfers Christi auszudrücken

Anweisung, die Mose erhielt, als er daranging, das Zelt zu errichten:
Sieh zu, heißt es, *daß du alles nach dem Urbild ausführst, das dir auf* Ex 25^{40}
dem Berg gezeigt wurde. 6 Jetzt aber ist ihm ein um so erhabenerer
Priesterdienst übertragen worden, weil er auch Mittler eines besseren
Bundes ist, der auf bessere Verheißungen gegründet ist.
7 Wäre nämlich jener erste Bund ohne Tadel, so würde man nicht ei-
nen zweiten an seine Stelle zu setzen suchen. 8 Denn er tadelt sie,
wenn er sagt:
Seht, es werden Tage kommen – spricht der Herr –, in denen ich mit dem Jer 31^{31-34} G
Haus Israel und dem Haus Juda einen neuen Bund schließen werde,
9 *nicht wie der Bund war, den ich mit ihren Vätern geschlossen habe, als*
ich sie bei der Hand nahm, um sie aus Ägypten herauszuführen. Sie sind
nicht bei meinem Bund geblieben, und darum habe ich mich auch nicht
mehr um sie gekümmert – spricht der Herr. 10 *Das wird der Bund sein,*
den ich nach diesen Tagen mit dem Haus Israel schließe – spricht der
Herr: Ich lege meine Gesetze in ihr Inneres hinein und schreibe sie ihnen
in ihr Herz. Ich werde ihr Gott sein, und sie werden mein Volk sein.
11 *Keiner wird mehr seinen Mitbürger und keiner seinen Bruder belehren*
und sagen: Erkenne den Herrn! Denn sie alle, klein und groß, werden

8^{5b} wörtl.: wie Mose (von Gott) angewiesen worden ist, als er im Begriff war, das Zelt zu errichten (vollenden)

8^{5c} wegen ^{5b} besser: Sieh zu, sagt nämlich er (= Gott)

8^{4-6} gr. antithetisch: wäre er *nun*... jetzt *aber*...

8^{6} hat einen juristischen Ton: der auf Grund besserer Verheißungen gesetzlich festgelegt worden ist (gr. nenomothetai)

8^{7} wörtl.: so würde nicht ein Ort für einen zweiten gesucht!

(vgl. die Häufung qualifizierender Angaben in ^{6}: ein »*höheres* Amt«, ein »*besserer* Bund«, »*bessere* Verheißungen«). Letztlich geht es ihm um das Bekenntnis, daß durch diese »endzeitliche Liturgie« des Sohnes »*jetzt*« der neue Bund begründet ist und dieser bereits den Lebensraum des Christen bestimmt (gr. mesites = »Mittler« zielt hier nicht auf die Vermittlung zwischen verschiedenen Positionen, sondern auf die Realisierung des Verheißenen – vgl. 9^{15} 12^{24}).

$^{7.8a}$ Prüfstein für den Vorrang des Opfers Christi ist die Überlegenheit der Heilswirkung. Vf sucht deshalb die wegen seiner »Mängel« notwendige Ablösung des »ersten« Bundes und die von »besseren Verheißungen« getragene Gründung des »zweiten« durch einen ausführlichen Schriftbeweis zu belegen (es handelt sich um das umfänglichste AT-Zitat des gesamten NT). $^{8b-12}$ Jes 31^{31-34} ist ursprünglich eine prophetische Zusage der Erneuerung Israels; Hebr versteht den Text als Ankündigung der Ablösung des alten Bundes durch die in Christus begründete neue Heilsordnung. Letztere wird in ^{10f} als Raum einer alle bisherige Kult- und Glaubenswirklichkeit übersteigenden unmittelbaren Zugänglichkeit Gottes gezeichnet. Der Vergleich mit 10^{16f} läßt erkennen, daß Vf den Bundesgedanken dabei besonders mit der in ^{12} ausgesprochenen Sündenvergebung in Verbin-

mich erkennen. [12] *Denn ich verzeihe ihnen ihre Schuld, und an ihre Sün-*
den denke ich nicht mehr. [13] Indem er von einem neuen Bund spricht,
hat er den ersten für veraltet erklärt. Was aber veraltet und überlebt
ist, das ist dem Untergang nahe.

b) *Das Opfer Jesu Christi:* 9^{1-14}

Ex $25^{23.30f}$ [1] Der erste Bund hatte gottesdienstliche Vorschriften und ein irdisches
Heiligtum. [2] Es wurde nämlich ein erstes Zelt errichtet, in dem sich
der Leuchter, der Tisch und die heiligen Brote befanden; dieses Zelt
Ex 26^{33} wurde das Heilige genannt. [3] Hinter dem zweiten Vorhang aber war
ein Zelt, das sogenannte Allerheiligste, [4] mit dem goldenen Rauch-

8^{12} wörtl.: denn ich will (werde) gnädig sein ihren Ungerechtigkeiten und ihrer Sünden nicht mehr gedenken

9^{1} wörtl.: »Der erste Bund hatte *zwar* nun auch...« (bezieht sich auf: Christus *aber*... in [11])

dung bringt, ihn also als Inbegriff der in Jesu Selbstopfer geschehenen eschatologischen Entsühnung versteht. So ist – wie in 9^{15-28} näher entfaltet wird – der »zweite« Bund wie der »erste« auf »Blut« gegründet (10^{29} 12^{24} 13^{20}), freilich nicht mehr auf das Blut von Opfertieren, sondern auf das eigene Blut des Hohenpriesters Jesus Christus (9^{13} 10^{11-18}). Diese Vorstellung von der Gründung des neuen Bundes in Jesu Blut haftet zwar traditionell schon an der Herrenmahl-Überlieferung (Mk 14^{24} / Mt 26^{28} – 1 Kor 11^{25}/Lk 22^{20}), wird aber erst im Hebr durch die Verbindung mit der Hohepriester-Christologie in einen größeren theologischen Zusammenhang gestellt. Für Vf wird der Bundesgedanke so zu einem sprachlich-theologischen Mittel, die durch Christi Heilswerk jetzt schon begründete und auf die Vollendung hin offene Heilswirklichkeit auszudrücken. Er ist gleichbedeutend mit dem durch Christus geöffneten Zugang zu Gott (4^{16} 6^{19} 10^{19f}), der Befähigung des Menschen, sich Gott zu nahen ($7^{11.18f}$) und der Heiligung (2^{11} 12^{14}). [13] schließt wieder an das Thema der Einleitung an: Indem Gott in solch deutlicher Form einen neuen Bund ankündigt, verfügt er die Ablösung des alten (zum Schlußverfahren ↗ 4^{8} 7^{11} – vgl. Philo, Ebr 278). Der Vorrang des durch Christus begründeten Bundes steht damit außer Frage; die in der Gemeinde verkündigte Vollendung ist sicher gegründet.

9^{1-14} führt die in 8^{1-3} vorbereitete Vorstellung vom eschatologischen Opfer des wahren Hohenpriesters weiter aus. Anknüpfend an das Ritual des großen Versöhnungstages in Lev 16^{11-17}, interpretiert Vf Tod und Erhöhung Jesu kulttheologisch als eschatologischen Eintritt in das himmlische Heiligtum »mit seinem Blut«: [1–10] setzen mit einer Beschreibung des Heiligtums und des Kultes im alten Bund ein, [11–14] deuten in überbietender Entsprechung Tod und Erhöhung Jesu als endzeitliche Sühneliturgie.

[1] bindet [1–10] an [11f] (s.Ü.): Vf geht auf Heiligtum und Kult des alten Bundes nur wegen der christologi-

opferaltar und der ganz mit Gold überzogenen Bundeslade; darin Ex 16^{33}
waren ein goldener Krug mit dem Manna, der Stab Aarons, der Triebe Num 17^{25}
angesetzt hatte, und die Bundestafeln; 5 über ihr waren die Kerubim
der Herrlichkeit, die die Sühneplatte überschatteten. Doch es ist nicht
möglich, darüber jetzt im einzelnen zu reden.
6 So also ist das alles aufgebaut. In das erste Zelt gehen die Priester
das ganze Jahr hinein, um die heiligen Dienste zu verrichten. 7 In das
zweite Zelt aber geht nur einmal im Jahr der Hohepriester allein hin- Ex 30^{10}
ein, und zwar mit dem Blut, das er für sich und für die Vergehen des
Volkes darbringt. 8 Dadurch deutet der Heilige Geist an, daß der
Weg in das Heiligtum noch nicht sichtbar geworden ist, solange das
erste Zelt Bestand hat. 9 Das ist ein Sinnbild, das auf die gegenwärtige

9^{9f} Beide Verse schließen relativisch an »das erste Zelt« in ^{8} an: »*dieses* ist ein Sinnbild ..., *diesem* entsprechend werden Gaben und Opfer dargebracht«

schen Bezugnahme auf den Jom Kippur ein. $^{2-5}$ zeichnen in diesem Sinne gezielt Anlage und Ausstattung der Stiftshütte nach Ex 25 – 30. Hervorgehoben ist dabei zunächst die Zweiteilung des Heiligtums, weil sie für das Ritual des Versöhnungstages von Bedeutung ist (anders als Ex 27^{27-33} spricht Hebr sogar von »zwei Zelten«). Als Ausstattung des »Heiligen« nennt Vf nur den Leuchter, den Schaubrottisch und die Brotauslage. Den Rauchopferaltar lokalisiert er gegen Ex 30^{6-8} im »Allerheiligsten«, weil er ihn (Lev 16^{12f} mißverstehend) mit dem Sühneritus in Verbindung bringt. Bei der Beschreibung des »Allerheiligsten« (Bundeslade, Aaronstab und Gesetzestafeln) berücksichtigt er nicht die nachexilischen Gegebenheiten, sondern läßt sich ganz vom Schriftzeugnis bestimmen. Besondere Beachtung findet die »Sühneplatte« über der Bundeslade, mit der die Aufzählung ihren Höhepunkt erreicht. Sie wurde als Ort der entsühnenden Gegenwart Gottes verstanden, auf sie orientierte sich deshalb die Liturgie des Versöhnungstages (gr. hilasterion = »Sühnemittel«, »Sühnegabe«, in LXX technisch für hebr. kapporeth = »Sühneplatte«, »Aufsatz der Bundeslade«, im NT noch Röm 3^{25} mit Bezug auf die Sühnewirkung des Todes Jesu gebraucht). ^{6f} Wie das Heiligtum zeigt auch der Kult des alten Bundes eine bedeutsame Abstufung: Dem täglichen Priesterdienst im »Heiligen« steht der nur alljährlich am Versöhnungstag gewährte Eintritt des Hohenpriesters in das sonst verschlossene »Allerheiligste« gegenüber. Dieses Geschehen erscheint so als Mitte des jüdischen Kultes. ^{7} Vf versteht freilich diese gestaffelte Ordnung und die sie bestimmenden göttlichen Weisungen (Lev 16^{11-17}) als Hinweis des heiligen Geistes auf die Unvollkommenheit des in dieser Weise ausgerichteten Kultes: In der Verschlossenheit des Allerheiligsten, die ein vorgelagertes »erstes Zelt« als zugänglichen Kultraum überhaupt erst notwendig macht, zeigt sich für ihn das generelle heilsgschichtliche Ungenügen der alten Ordnung: Der Zugang zu Gott bleibt verschlossen. ^{9f} Allerdings weist das »erste Zelt« – für Vf hier das Kennzeichen der von Gottverschlossenheit geprägten alten Ordnung – gerade in seinem Unge-

Zeit hinweist; denn es werden Gaben und Opfer dargebracht, die das
Gewissen des Opfernden nicht zur Vollkommenheit führen können;
10 es handelt sich nur um Speisen und Getränke und allerlei Waschun-
gen, äußerliche Vorschriften, die bis zu der Zeit einer besseren Ord-
nung auferlegt worden sind.
4^{14} 11 Christus aber ist gekommen als Hoherpriester der künftigen Güter;
und durch das erhabenere und vollkommenere Zelt, das nicht von
Menschenhand gemacht, das heißt nicht von dieser Welt ist, 12 ist er
ein für allemal in das Heiligtum hineingegangen, nicht mit dem Blut
von Böcken und jungen Stieren, sondern mit seinem eigenen Blut,

9^9 wörtl.: die den, der den Gottesdienst feiert, nicht im Gewissen vollkommen machen können...

9^{10} äußerliche Vorschriften = wörtl.: Rechtssatzungen des Fleisches

9^{11} andere LA: der wirklichen (gekommenen) Güter

nügen auf die durch Christus bewirkte Erfüllung in der Jetzt-Zeit hin (gr. parabole = »Sinnbild«, »Gleichnis«, 11^{19} ebenso im Sinne der heilsgeschichtlichen Typologie gebraucht). Für sich gesehen, können die Opfer und Vorschriften des alten Bundes lediglich als irdisch begrenztes und nur äußerlich wirksames Interim gelten (Vollkommenheit des »Gewissens« steht für die den ganzen Menschen erfassende Entsühnung, die allein zum Zugang zu Gott befähigt ↗ $9^{9.14}$ 10^{22} 13^{18}). Als Vorausdarstellung des Christusgeschehens und typologischer Verweis auf die eschatologische Erfüllung haben sie jedoch auch für die christliche Gemeinde Bedeutung. – Damit ist der hermeneutische Horizont angedeutet, in dem Vf im Folgenden das Christusgeschehen als eschatologischen Versöhnungstag beschreiben wird.

11f Dem irdischen Kult, der das, was er bezeichnete, nicht bewirken konnte, stellt Vf die wahre eschatologische Sühneliturgie entgegen (»Christus *aber*...«). Zwar in Anknüpfung an das Sühneritual des aaronitischen Hohenpriesters gezeichnet, ragt sie doch erfüllend unvergleichbar über dieses hinaus. Mit scharfen Akzenten markiert Vf den »qualitativen« Unterschied: 1. Der eschatologische Kult hat im Sohn einen *neuen Träger*, der nicht mit menschlicher Schwachheit behaftet ist (↗ 7^{26-28}). Sein Priesterdienst allein kann die »künftigen Güter« (↗ 2^5 6^5 10^1 13^{14}) vermitteln. 2. Der neue Opferdienst vollzieht sich nicht am irdischen, sondern am *himmlischen Heiligtum*, denn er führt den Sohn bleibend in die Gegenwart Gottes (↗ 8^{1-3}). Vom »Durchschreiten« des himmlischen Heiligtums spricht Vf nur, um die Entsprechung zum Weg des irdischen Hohenpriesters durch das »Heiligste« ins »Allerheiligste« anzudeuten (vgl. die Vorbereitung des Themas in 9^{1-10}). 3. Der Eintritt geschieht nicht mit Tierblut und gründet nicht auf »irdischem« Opferdienst (↗ 10^{1-10}). Der Sohn vollzieht den Priesterdienst *mit »seinem eigenen Blut«*. D. h.: der entsühnende Eintritt in die Gegenwart Gottes ist durch seine im Gehorsam bestandene Erniedrigung ins Todesleiden bewirkt (↗ 5^{7-10} auch 2^{5-18}). 4. Das Sühnehandeln des Sohnes bedarf nicht der jährlichen Wiederholung, sondern

und so hat er eine ewige Erlösung bewirkt. 13 Denn wenn schon das Num 19^9.17
Blut von Böcken und Stieren und die Asche einer Kuh die Unreinen,
die damit besprengt werden, so heiligt, daß sie leiblich rein werden,
14 wieviel mehr wird das Blut Christi, der sich selbst kraft ewigen Geistes Gott als makelloses Opfer dargebracht hat, unser Gewissen von toten Werken reinigen, damit wir dem lebendigen Gott dienen.

c) *Die Gründung des neuen Bundes im Opfer des Sohnes:* 9^15–28

15 Und darum ist er der Mittler eines neuen Bundes; sein Tod hat die 7^22

9^15 wörtl.: Und darum ist er der Mittler eines neuen Bundes, damit, da der Tod zur Erlösung der unter dem ersten Bund geschehenen Übertretungen geschehen war, die Berufenen die Verheißung des ewigen Erbes empfangen (bzw. die Berufenen des ewigen Erbes die Verheißung empfangen)

hat wegen seiner eschatologischen »Qualität« *bleibende Gültigkeit* (10^{1-18}). 5. Es versetzt den Menschen deshalb ein für allemal in *ein neues Verhältnis zu Gott* und erlöst ihn von der »Unzugänglichkeit Gottes«. Kulttheologisch gesprochen: Jesu Eintritt ins wahre Heiligtum hat auch uns den Eintritt in den Raum »hinter dem Vorhang« geöffnet (↗ 10^{19-22}). – Vf findet so im Anschluß an die Aussagen über die Heilsvermittlung im AT zu einer entschieden soteriologischen Darstellung des Christusgeschehens: »Karfreitag und Himmelfahrt werden zum großen Versöhnungstag des Christentums und rückschauend zu einer Einheit zusammengezogen« (O. Michel 309).

13f Wieder folgt begründend ein Schluß vom Geringeren (alter Kult) zum Höheren (Christusgeschehen). Neben den allgemeinen Sündopfern (»Böcke und Stiere«) dient Vf das Reinigungsritual bei Leichenverunreinigung (»Asche einer Jungkuh« Lev $17^{9.17}$) als Beleg für die nur das Äußere erfassende Wirksamkeit der kultischen Vollzüge des alten Bundes. Dem Opfer Christi eignet dagegen sowohl in der Darbringung (»kraft des ewigen Geistes«) als auch in der »Opfermaterie« (»das Blut Christi«) eine einzigartige »Qualität« (»makelloses Opfer«). Es bewirkt deshalb *allein* eschatologische Reinigung, durch die der Mensch befähigt wird zum Leben in der Nähe Gottes (gr. latreuein = »[kultisch] verehren«, so 8^5 $9^{1.6.9}$ 10^2 13^{10}, hier als Bild für das ganze Leben).

9^{15-28} führt die in 8^{4-6} vorbereitete Verbindung von »*Bund*« und »*Opfer*« bzw. »*Blut*« weiter aus und vertieft so die Aussagen in 13f: Das Sterben Jesu geht mit innerer Notwendigkeit aus Gottes Heilswillen hervor, der neue Bund mußte wie der alte »mit Blut«, d. h. in der Selbsthingabe des Sohnes gegründet werden (vgl. 2^{10-18}). Da aber Christus gestorben ist, ist auch der neue Bund begründet und die kommende Vollendung unverbrüchlich zugesagt: Das Bekenntnis des Herrentodes darf und soll für die Gemeinde Ausdruck der Heilsgewißheit sein. Diesen Aspekt des Christusbekenntnis-

Erlösung von den im ersten Bund begangenen Übertretungen bewirkt, damit die Berufenen das verheißene ewige Erbe erhalten.
[16] Wo nämlich ein Testament vorliegt, muß der Tod des Erblassers
nachgewiesen werden; [17] denn ein Testament wird erst im Todesfall
rechtskräftig und gilt nicht, solange der Erblasser noch lebt.
[18] Daher ist auch der erste Bund mit Blut in Kraft gesetzt worden.
Lev 14^4 [19] Nachdem Mose jedes Gebot dem Gesetz gemäß dem ganzen Volk
Num 19^6 vorgelesen hatte, nahm er das Blut der jungen Stiere und der Böcke,
dazu Wasser, rote Wolle und Ysop, besprengte das Buch selbst und
Ex 24^{3-8} das ganze Volk [20] und sagte: *Das ist das Blut des Bundes, den Gott für
euch eingesetzt hat.* [21] Dann besprengte er auch das Zelt und alle got-

9^{17} wörtl.: Denn ein Testament ist bei Toten rechtsgültig

ses möchte Vf seinen Lesern, für die das Vertrauen auf Gottes Heilswirken verblaßt ist, mit besonderem Nachdruck vor Augen stellen. Mit großem argumentativen Aufwand sucht er ihnen deshalb diesen Zusammenhang des Selbstopfers Jesu mit dem Geschenk des neuen Bundes zu erweisen: [15] stellt thesenhaft die Grundaussage voran, [16f] begründen diese mit einer allgemeinen Überlegung, [18–22] explizieren sie auf den alten, [23–28] auf den neuen Bund.

[15] Auch wenn die Vollendung noch aussteht, hat der Tod Jesu doch bereits die eschatologische Zeitenwende gebracht: Die durch das Sühneinstitut des alten Bundes nur aufgezeigte, aber nicht vergebene Schuld ist gesühnt; die Menschen sind so befähigt, sich Gott zu nahen und dürfen in der »Zuversicht« des Zutritts in seiner Gegenwart leben (↗ 4^{16}). Dies aber bedeutet die Gründung des neuen Bundes, der deshalb für Vf unlösbar mit dem Tod Jesu verknüpft ist (↗ $8^{4-6.7-13}$).

[16–17] verdeutlichen in einem ersten Beweisgang den Zusammenhang von »Tod« und »Bund« mit einem merkwürdig anmutenden »alexandrinisch geistreichen Einfall« (O. Kuss 120): Vf gleitet von der theologischen Bedeutung des gr. Begriffs diatheke (= Bund) in die profane (= Testament) und wertet diese für das theologische Verständnis des Bundes aus. Er versteht so den Rechtsgrundsatz, nach dem ein Testament erst mit dem Tod des Erblassers Rechtskraft gewinnt, als Hinweis dafür, daß auch der Bund im theologischen Sinne des Wortes nur durch den Tod in Kraft gesetzt werden kann.

[18–22] verifizieren den in [16f] entwickelten Sachzusammenhang zwischen »Tod« und »Bund« am Bundesritual in Ex 24^{3-8}. Vf rückt das Geschehen dabei in die Nähe des Versöhnungstages, reichert es durch weitere Reinigungsriten an (entsprechend Lev $14^{4.6.49.51f}$) und trägt eine allumfassende Reinigung der Kultgeräte ein. Sein Interesse an einer grundsätzlichen Aussage ist unverkennbar: Die Gründung des alten Bundes geschah in einer allumfassenden Reinigung *durch Blut.* Auch von Ex 24^{3-8} ist somit der Zusammenhang von *Bund* und *Opfertod* bezeugt. [22] Eine entsprechende Kultregel soll diese Vorstellung abschließend als allgemein gültige Überzeugung dokumentieren (vgl. Lev 17^{11}, ähnl. Traktat Joma 5a: »Es gibt keine Sühne außer durch Blut!«). – Vf erwähnt auch hier die Gegebenheiten der al-

tesdienstlichen Geräte auf gleiche Weise mit dem Blut. [22] Fast alles Lev 17[11]
wird nach dem Gesetz mit Blut gereinigt, und ohne daß Blut vergossen wird, gibt es keine Vergebung.
[23] Durch solche Mittel müssen also die Abbilder der himmlischen Dinge gereinigt werden; die himmlischen Dinge selbst aber erfordern wirksamere Opfer. [24] Denn Christus ist nicht in ein von Menschenhand errichtetes Heiligtum hineingegangen, in ein Abbild des wirklichen, sondern in den Himmel selbst, um jetzt für uns vor Gottes Angesicht zu erscheinen; [25] auch nicht, um sich selbst viele Male zu opfern, (denn er ist nicht) wie der Hohepriester, der jedes Jahr mit fremdem Blut in das Heiligtum hineingeht; [26] sonst hätte er viele Male seit der Erschaffung der Welt leiden müssen. Jetzt aber ist er am Ende der Zeiten ein einziges Mal erschienen, um durch sein Opfer die Sünde zu tilgen. [27] Und wie es dem Menschen bestimmt ist, ein einziges Mal zu sterben, worauf dann das Gericht folgt, [28] so wurde

9[23] wörtl.: die himmlischen Dinge selbst aber durch bessere Opfer als dieses

ten Ordnung im Hinblick auf ihre Erfüllung in Jesus Christus. Nicht zufällig klingt deshalb in [20] (»das ist das Blut des Bundes«) die Abendmahlstradition nach (↗ 8[7–12], vom »Blut des Bundes« spricht Hebr noch 10[29] 13[20]).
[23] führt von der nur »irdischen« Reinigung des alten Bundes zur eschatologischen Entsühnung in Jesus Christus und damit zum Thema des neuen Bundes zurück. Die formelhaft verkürzte Aussage will wohl andeuten, daß der Eintritt ins himmlische Heiligtum nicht durch irdische, sondern nur durch ein »himmlisches« Opfer ermöglicht werden kann. [24–26] arbeitet Vf deshalb nochmals die eschatologisch-himmlische »Qualität« des Opfers Christi heraus. Er will für seine Leser den Nachweis führen, daß durch Jesu Tod tatsächlich der neue Bund gegründet ist. [24] spricht zwar nur vom Eintritt Jesu in den Himmel, meint aber ohne Zweifel die Erhöhung im Zusammenhang mit dem Kreuzesopfer (entspr. [25]!). Der Nachsatz (»um jetzt für uns ...«) zielt deshalb nicht auf ein vom Kreuzesopfer unabhängiges fürbittendes Eintreten des Erhöhten vor Gott, sondern auf »sein Stehen vor dem Angesicht Gottes an unserer Stelle mit seinem Blut« (H. Zimmermann, Bekenntnis 200). Vf drückt so in kultischen Kategorien die eschatologisch-gültige, schon die Jetzt-Zeit bestimmende Wirkung des einmaligen Opfers Christi, also den neuen Bund aus. [25f] Die zweite Antithese spricht direkt vom Opfer Christi und stellt noch einmal heraus, daß es als eschatologisches Geschehen *ein für allemal* geschehen ist und keiner Wiederholung bedarf. Die Gemeinde lebt also schon im neuen Bund, ihr Zutritt zu Gott bedarf keines weiteren Heilsgeschehens mehr, sondern muß nur noch bei der Parusie sichtbar in Kraft gesetzt werden. [27–28] Ein Vergleich, der wieder mit dem Selbstverständlichen argumentiert, soll diese Gewißheit bekräftigen: Der Mensch stirbt nur einmal, danach kommt nur noch das Gericht. Auch Jesu Tod ist nicht wiederholbar, die Entsühnung ist ein für allemal geschehen. Sein zweites

Jes 53^{12} auch Christus ein einziges Mal geopfert, um *die Sünden vieler hinwegzunehmen;* beim zweitenmal wird er nicht wegen der Sünde erscheinen, sondern um die zu retten, die ihn erwarten.

d) *Die Ablösung des irdischen Opferkultes durch das eine Opfer des Sohnes:* 10^{1-18}

8^5 1 Denn das Gesetz enthält nur einen Schatten der künftigen Güter, nicht die Gestalt der Dinge selbst; darum kann es durch die immer gleichen, alljährlich dargebrachten Opfer die, die vor Gott treten, niemals für immer zur Vollendung führen. 2 Hätte man nicht aufgehört zu opfern, wenn die Opfernden ein für allemal gereinigt und sich keiner Sünde mehr bewußt gewesen wären? 3 Aber durch diese Opfer wird alljährlich nur an die Sünden erinnert, 4 denn das Blut von Stieren und Böcken kann unmöglich Sünden wegnehmen. 5 Darum spricht Christus bei seinem Eintritt in die Welt:

9^{28} wörtl.: ohne Sünde

10^2 wörtl: da die Opfernden als ein für allemal Gereinigte kein Bewußtsein von Sünden mehr hatten

10^5 wörtl.: Darum sagt er bei seinem Eintritt in die Welt

Kommen (= Parusie) wird nicht eine weitere Sündenvergebung bringen, sondern die Vollendung. D. h.: Die Heilsfrage ist nicht mehr offen, sondern entschieden; die Christen leben bereits jenseits der eschatologischen Zeitenwende und dürfen deshalb der Erfüllung gewiß sein.

10^{1-18} Die durch Jesu Selbstopfer bewirkte Entsühnung setzt allem »irdischen« Opferkult ein Ende (↗ 9^{7-13}). Der neue Bund erscheint so als einzigartige eschatologische Setzung, die allein vom Gehorsam des Sohnes bestimmt ist und weiteren »Darbringens« nicht mehr bedarf: $^{1-10}$ verdeutlichen die Ablösung der Tieropfer durch das Sühnewerk Jesu Christi, $^{11-18}$ bekräftigen noch einmal die bleibend gültige Entsühung in Jesus Christus.

$^{1-4}$ Da der alte Bund (»Gesetz« hier als Inbegriff der alten Heilsordnung) und der ihn garantierende Kult nur »irdisch« verfaßt waren, konnten sie zwar ein schattenhaftes und deshalb unwirksames Abbild der himmlischen Vollendung, nicht aber diese selbst vermitteln (↗ 8^5). Vf beruft den unaufhörlichen Kreislauf der immer gleichen Opfer als Beweis ihrer Wirkungslosigkeit: »Wiederholung und Erfolglosigkeit bedingen sich gegenseitig« (H. Windisch 84). Das Opfern von Tieren kann angesichts der wahren Vollendung lediglich als »Ersatzhandlung« eingestuft werden, durch die die Sünde nicht aufgehoben, sondern nur immer neu in Erinnerung gebracht wird (ähnlich redet Paulus vom Gesetz!). $^{5-10}$ Dem alten Kult stellt Vf deshalb das Heilswerk Christi gegenüber, durch das allein bleibende Entsühung bewirkt und deshalb auch die innere Krise alles »irdischen« Opferkultes offenbar geworden ist. Als Argumentationsbasis dient ihm dabei Ps 40^{7-9}, der hier freilich christologisch verstanden ist,

Schlacht- und Speiseopfer hast du nicht gefordert, Ps 40[7–9] G
doch einen Leib hast du mir geschaffen;
6 *an Brand- und Sündopfern hast du kein Gefallen.*
7 *Da sagte ich: Ja, ich komme –*
so steht es über mich in der Schriftrolle –,
um deinen Willen, Gott, zu tun.
8 Zunächst sagt er: *Schlacht- und Speiseopfer, Brand- und Sündopfer*
forderst du nicht, du hast daran kein Gefallen, obgleich sie doch nach
dem Gesetz dargebracht werden; 9 dann aber hat er gesagt: *Ja, ich*
komme, um deinen Willen zu tun. So hebt Christus das erste auf, um

10[6] wörtl.: an Ganz- und Sündopfern hast du kein Gefallen
10[7] wörtl.: Siehe, ich komme
10[8] wörtl. entspr. 10[5] und [6]
10[9] wörtl. entspr. 10[7]

nämlich als »Devise, unter welche der in die Welt eintretende Christus sein ganzes irdisches Leben stellt« (E. Riggenbach 300f). Diese Interpretation ist möglich, weil Vf mit LXX »einen Leib (MT dagegen »Ohren«) habe ich dir gegeben« liest, »siehe, ich komme« auf die Sendung Jesu bezieht und in der »Buchrolle« das AT als messianisches Zeugnis versteht. Der Psalm selbst steht im Zeichen der prophetischen Kultkritik und ist das Gebet eines Frommen, der seinen Dank an Gott nicht durch Opfer, sondern durch Gesetzesgehorsam abstatten will. Das christologische Verständnis hebt diese Antithetik auf eine neue Ebene und stilisiert den Text zur heilsgeschichtlichen Ablösung jeglichen »irdischen« Opferkultes hoch. [8–10] teilen in diesem Sinn das Psalmwort in eine negative (= kultkritische) und eine posititve (= christologisch-soteriologische) Aussage auf und stellen beide Aspekte ergänzend einander gegenüber: Mit Christus ist die durch Tieropfer getragene Kultordnung aufgehoben, ihre innerste Intention aber, die Heiligung ihrer Glieder und damit die Eröffnung des Zugangs zu Gott, ist durch Jesu Tod zur Erfüllung gekommen. Dabei wird aber nicht einfach das eine Opfer (»Böcke und Stiere«) durch ein anderes (»Leib Christi«), wirksameres abgelöst. An die Stelle der Opfer ist vielmehr der *Gehorsam des Sohnes* getreten, der alle kultischen Vorstellungen sprengt und als allein wirksames eschatologisches Sühnehandeln jenseits allen irdischen Opferkultes steht. Nur weil das Christusgeschehen die im irdischen Kult vergeblich beschworene »Vollendung« eschatologisch gültig bewirkt hat, wird es in einem Vergleich des eigentlich Unvergleichbaren als »Opfer« bezeichnet und mit kultischen Kategorien verdeutlicht. – Der Abschnitt ist für die Hermeneutik der kultischen Denk- und Redeweise im Hebr von großer Bedeutung. Er zeigt nämlich, daß Vf die kultischen Kategorien, besonders den atl. Opferbegriff zwar zur Verdeutlichung des soteriologischen Gehaltes des Christusbekenntnisses heranzieht, sie aber letztlich doch als »Hilfskonstruktionen« versteht. Er will »mit Hilfe einer religionsgeschichtlich vorgegebenen kulttheologischen Anschauung das an sich völlig unkultische Geschehen in Kreuz und Erhöhung in seinem

2^{11} 9^{28} das zweite in Kraft zu setzen. [10] Aufgrund dieses Willens sind wir
durch die Opfergabe des Leibes Jesu Christi ein für allemal geheiligt.
[11] Jeder Priester steht Tag für Tag da, versieht seinen Dienst und
bringt viele Male die gleichen Opfer dar, die doch niemals Sünden
wegnehmen können. [12] Dieser aber hat nur ein einziges Opfer für die
Sünden dargebracht und *sich* dann für immer *zur Rechten Gottes ge-*
Ps 110^{1} *setzt;* [13] seitdem wartet er, *bis seine Feinde ihm als Schemel unter die*
Füße gelegt werden. [14] Denn durch ein einziges Opfer hat er die, die
geheiligt werden, für immer zur Vollendung geführt. [15] Das bezeugt
uns auch der Heilige Geist; denn zuerst sagt er:

Jer 31^{33} G [16] *Das wird der Bund sein, den ich nach diesen Tagen* mit
ihnen *schließe –*
spricht der Herr:
Ich lege meine Gesetze in ihr Herz
und schreibe sie in ihr Inneres;

[17] dann aber:
Jer 31^{34} G *An ihre Sünden und Übertretungen denke ich nicht mehr.*
[18] Wo aber die Sünden vergeben sind, da gibt es kein Sündopfer
mehr.

10^{15} wörtl.: nachdem er nämlich gesagt hat
10^{17} Die wichtigsten Hs lesen: »dann aber (spricht er)« nicht!

Heilssinn ... erschließen« (F. Laub, Bekenntnis 219). Insofern er so aber das Heilswerk Christi als einzig wahren Kult beschreibt, bedeutet dies zugleich eine fundamentale Kritik an jeglichem irdischen Kult. D.h.: Es gibt für den Menschen keine Sicherung des Heils durch irdische Kultvollzüge, Tieropfer und Opfermahlzeiten, sondern nur den Gehorsam, der sich in Treue an den heilswirksamen Gehorsam des Sohnes bindet (vgl. Röm 12^{1f}). Dies macht Vf nicht nur gegenüber den Kultvollzügen des alten Bundes, sondern auch da geltend, wo er in der christlichen Gemeinde diese Bedeutung des Heilswerkes Christi verraten sieht (13^{7-17}). Der kulttheologische Ansatz des Hebr steht so gesehen im Zeichen einer Kultkritik, die der paulinischen Gesetzeskritik in nichts an Schärfe und Konsequenz nachsteht.

[11–14] Der kultischen Geschäftigkeit der irdischen Priester, die täglich dem Ablauf der immer gleichen unwirksamen Opfer obliegen, stellt Vf als Bild der Heilsgewißheit das himmlische Thronen des Sohnes entgegen (ähnl. 1^{7-12}): Sein Werk ist getan, weiterer Opfer bedarf es nicht, »was noch kommt, ist nur eine Entfaltung auf einer Ebene, die mit dem Opfer Jesu ein für allemal gewonnen ist« (O. Kuss 142). Die Erhöhung erscheint so in der Tat als befreiender Ausdruck der ein für allemal geschehenen Vollendung und Heiligung, durch die die Menschen befähigt sind, sich Gott zu nahen (↗ 3^{1} 4^{14-16} 10^{19-22}). [15–18] Nochmals, nun freilich verkürzt, zitiert Vf Jer 33^{31-34} (↗ 8^{7-13}). Die Form des Zitats läßt die Sündenvergebung als dessen zentrale Aussage und damit als maßgebliches Kennzeichen des neuen Bundes erscheinen. In diesem

5. Paränetischer Abschluß: 10^{19-31}

a) *Hinzutreten zu Gott:* 10^{19-25}

[19] Wir haben also die Zuversicht, Brüder, durch das Blut Jesu in das
Heiligtum einzutreten. [20] Er hat uns den neuen und lebendigen Weg
erschlossen durch den Vorhang hindurch, das heißt durch sein Sach 6^{11f}
Fleisch. [21] Da wir einen Hohenpriester haben, der über das Haus Hebr 3^{6}
Gottes gestellt ist, [22] laßt uns mit aufrichtigem Herzen und in voller 9^{14}
Gewißheit des Glaubens hintreten, das Herz durch Besprengung gereinigt vom schlechten Gewissen und den Leib gewaschen mit reinem

10^{20} Im gr. Text steht die Präposition dia = »durch« nur vor »Vorhang« und muß von dort her vor »sein Fleisch« ergänzt werden. Sie hat dabei zunächst lokale, dann aber instrumentale Bedeutung.

10^{21} wörtl.: Und (da wir) einen großen Priester (haben)

Sinne zieht auch die lehrsatzartige Abschlußsentenz die Summe aus den verschiedenen Gedankengängen in $8^{1}-10^{18}$: »Es ist nunmehr geschehen, was überhaupt geschehen konnte, ein für allemal, endgültig, und es ist durch Jesus geschehen« (O. Kuss 142). Für die Adr bedeutet das: Gewißheit in der Hoffnung, aber auch Bewährung in Verantwortung und Ausdauer, weil es keine andere Entsühnung mehr geben wird.

10^{19-25} Der Abschluß des Hauptteils kehrt wieder zur Eingangsparänese 4^{14-16} zurück, argumentiert aber nun – nach den Ausführungen in 5^{1-10} $7^{1}-10^{18}$! – auf einer neuen Ebene. Wie 4^{14-16} ist auch 10^{19-25} durch die Zuordnung indikativischer ($^{19-21}$) und imperativischer($^{22-25}$) Aussagen bestimmt.

$^{19-21}$ Vf orientiert sich weiterhin typologisch an der Szenerie des Jom Kippur, weitet aber deren Bedeutung auf die Adr hin aus: »Christus ist als Hoherpriester nicht nur selbst in das Allerheiligste des Himmels eingetreten, er hat auch uns Ermächtigung und Freimut zum Eingang in das Heiligtum gegeben« (H. Zimmermann, Bekenntnis 204). Auf diesem Hintergrund muß auch die bis zur Mißverständlichkeit verkürzte Aussage in ^{20} erklärt werden: Christus hat »uns« den Weg zu Gott (= »durch den Vorhang« ins Innere des Allerheiligsten ↗ 6^{19}) eröffnet, indem er ihn selbst als Hoherpriester durch die Erniedrigung ins Todesleiden (= »durch sein Fleisch« ↗ 5^{7}) vorausgegangen ist. Der entscheidende »Besitz« der christlichen Gemeinde ist deshalb, diesem Hohenpriester jetzt schon zuzugehören und so des Eintritts in die Gegenwart Gottes gewiß zu sein (die Vorstellung vom »Hohenpriester über das Haus Gottes« knüpft an 3^{6} an).

$^{22-25}$ Da der Zugang zu Gott aufgetan ist, sind »wir« aufgefordert, nun auch »hinzutreten«. Mit drei Mahnungen (s. Ü.) schreitet Vf verschiedene Bereiche ab, in denen sich dieses »Hinzutreten zu Gott« jetzt schon vollziehen kann und muß: ^{22} erinnert im Nachsatz an die Taufe, durch die »uns« die entsühnende Kraft des Heilswerkes Christi zugeeignet worden ist(↗ 6^{4-6} 12^{24}). Das einleitende »Laßt uns ... hintreten« zielt deshalb wohl auf die im-

Wasser. [23] Laßt uns an dem unwandelbaren Bekenntnis der Hoffnung festhalten, denn er, der die Verheißung gegeben hat, ist treu. [24] Laßt uns aufeinander achten und uns zur Liebe und zu guten Taten anspornen. [25] Laßt uns nicht unseren Zusammenkünften fernbleiben, wie es einigen zur Gewohnheit geworden ist, sondern ermuntert einander, und das um so mehr, als ihr seht, daß der Tag naht.

b) *Warnung vor dem Abfall:* 10^{26-31}

6^{4-8} [26] Denn wenn wir vorsätzlich sündigen, nachdem wir die Erkenntnis
der Wahrheit empfangen haben, gibt es für diese Sünden kein Opfer
Jes 26^{11} mehr, [27] sondern nur die Erwartung des furchtbaren Gerichts und ein

10^{25} gr. kein eigenes Mahnwort, sondern schließt partizipial an [21] an
10^{26} wörtl.: Denn wenn wir *freiwillig* sündigen
10^{27} wörtl.: ... nur die schreckliche Erwartung des Gerichtes

mer neue existentielle Aufnahme dieser Wirklichkeit und auf ein in der »Gewißheit« gegründetes Leben. [23] akzentuiert mit Blick auf die Glaubensschwäche der Adr das Festhalten »an dem unwandelbaren Bekenntnis der Hoffnung« (↗ $6^{9-12.13-19}$). Vf mahnt dabei nicht nur zum Festhalten am Wortlaut eines Bekenntnistextes. Es geht ihm vielmehr generell um den christlichen Lebensvollzug, der von der durch Christi Heilswerk befestigten und im Bekenntnis ausgesprochenen Hoffnung auf die Vollendung getragen ist. [24f] Als dritten »Bereich« des vom Christen geforderten »Hinzutretens zu Gott« nennt Hebr die Gemeindeversammlung. Vf beschreibt sie als einen Raum gegenseitiger Verantworung und Ermunterung, in dem die Gemeinde »ihren unerschütterlichen Hort zu ausdauernder Bewahrung der *stabilitas fidei* hat« (E. Gräßer, Glauben 41). Die lebendige und verantwortliche Teilnahme an der Gemeindeversammlung ist für ihn deshalb Ausdruck der »Zuversicht«; das von einigen praktizierte Fernbleiben veranlaßt ihn zum warnenden Hinweis auf das Gericht: Wer sich des schützenden Raumes der Gemeinde entzieht, ist dabei »zurückzuweichen« und vom Heil abzugleiten (↗ 12^{35f}).

10^{26-31} Vf wertet die in [25] angedeuteten Fehlhaltungen als so bedrohlich, daß er nochmals den Lehrsatz von der Unmöglichkeit der »zweiten Buße« ins Spiel bringt und so den Hauptteil mit einer scharfen Gerichtsdrohung beschließt. Es ist bezeichnend, daß er dabei weiter in der »Wir«-Form spricht, sich also dieser Warnung auch selbst nicht entziehen kann und will.
[26f] Num 15^{22-31} unterscheidet zwischen »ungewollten« bzw. »unbewußten« und »vorsätzlichen« bzw. »bewußten« Sünden. Erstere konnten durch ein Sündopfer gesühnt, letztere mußten mit dem Tod des Sünders geahndet werden (vgl. etwa Dtn 17^{2-7}). Im Anschluß daran versteht Hebr den Abfall als »freiwillige« Sünde, die sich vorsätzlich gegen Gott richtet. Er kann deshalb keine Entsühnung mehr finden, sondern wird unweigerlich das Gericht nach sich ziehen. Der Apostat nämlich hat in der Taufe die »Erkenntnis der Wahrheit« empfangen (vgl. die

wütendes Feuer, das die Gegner verzehren wird. [28] Wer das Gesetz des Dtn 17^{6}
Mose verwirft, *muß* ohne Erbarmen *auf die Aussage von zwei oder
drei Zeugen hin sterben.* [29] Meint ihr nicht, daß eine noch viel härtere
Strafe der verdient, der den Sohn Gottes mit Füßen getreten, *das Blut
des Bundes,* durch das er geheiligt wurde, verachtet und den Geist der Ex 24^{8}
Gnade geschmäht hat? [30] Wir kennen doch den, der gesagt hat: *Mein
ist die Rache, ich werde vergelten,* und ferner: *Der Herr wird sein Volk* Dtn 32^{35f}
richten. [31] Es ist furchtbar, in die Hände des lebendigen Gottes zu fallen.

10^{28} wörtl.: so stirbt er

füllige Beschreibung der Taufgaben in 6^{4-6}), er weiß also um die Größe der Verheißung und entscheidet sich deshalb bewußt gegen Gott und das Heilswerk Jesu Christi. Ein anderes Sühnopfer als dieses aber gibt es nicht. Dem Abtrünnigen bleibt somit für die Jetzt-Zeit nur die »schreckliche Erwartung des Gerichts« (Kontrast zur »Zuversicht« als geschenkter Lebensmöglichkeit des Glaubenden) und am Ende das »wütende Feuer, das die Gegner verzehren wird« (6^{7f}). Das Gericht wird für ihn »ohne Erbarmen« sein, weil er sich selbst dem Erbarmen Gottes entzogen hat.

^{28f} Ein Schluß vom Kleineren zum Größeren bekräftigt die thesenhaften Hinweise in ^{26f}: Schon das Gesetz des Mose bestraft Götzendienst (darauf zielt das Zitat Dtn 17^{6}) mit dem Tode. Für den, der das eschatologische Handeln Gottes in Jesus Christus zurückweist, muß deshalb die Strafe weit über den irdischen Tod hinausreichen. Das größere Geschenk bedingt größere Verantwortung (↗ 2^{1-4}). Wieder sucht Vf dabei, seinen Lesern mit starken emotionalen Akzenten das unvorstellbare »Ausmaß« des Abfalls vor Augen zu führen (↗ 6^{4-6}). ^{30f} erinnern deshalb die Adr daran, daß die Gnade als »Kehrseite« auch das Gericht in sich trägt. Denn auch der Glaubende hat es mit jenem »eifersüchtigen Gott« zu tun, der sein Recht wahrt und den die Schrift immer auch als Richter des zerbrochenen Bundes bezeugt. Wer deshalb die Vergebung in Jesus Christus zurückgewiesen hat und ohne Entsühnung in die »Hände des lebendigen Gottes fällt«, erfährt die unerbittliche Vergeltung seiner Schuld.

So endet der Hauptteil des Hebr ähnlich wie der erste Teil des Schreibens mit einer Gerichtsdrohung. Dabei ist freilich 4^{12f} entsprechend der inhaltlichen Struktur von 1^{1}–4^{13} von der richterlichen Macht des Wortes Gottes, hinter dem der richtende Gott selbst steht, die Rede. In 10^{26-31} wird dagegen *via negativa* nochmals die Notwendigkeit des Festhaltens an der in Christus bewirkten Entsühnung als einziger Weg der Rettung bewirkt (vgl. 4^{14}–10^{31}).

10^{32-39} Der Wechsel im Ton markiert den Beginn eines neues Teiles: Vf führt die Adr in ihre eigene Glaubensgeschichte zurück, damit sie durch solche »Erinnerung« wieder »Ausdauer« für die Gegenwart finden. Kurzzeitig bekommt die Darlegung eine persönliche Note und läßt ein wenig Licht auf die Situation und Geschichte der Adr fallen (vgl. 2^{1-4} 5^{11} – $6^{3.9-12}$ 12^{4-13} $13^{7-14.22-25}$).

III. DIE GEMEINDE AUF DEM NEUEN UND LEBENDIGEN WEG: 10^{32}–13^{17}

1. Mahnung zu Ausdauer und Glaubenstreue: 10^{32}–12^{3}

a) *Die Treue des Anfangs:* 10^{32-39}

^{32} Erinnert euch an die früheren Tage, als ihr nach eurer Erleuchtung
manchen harten Leidenskampf bestanden habt: ^{33} Ihr seid vor aller
Welt beschimpft und gequält worden, oder ihr seid mitbetroffen ge-
13^{3} wesen vom Geschick derer, denen es so erging; ^{34} denn ihr habt mit
den Gefangenen gelitten und auch den Raub eures Vermögens freu-
dig hingenommen, da ihr wußtet, daß ihr einen besseren Besitz habt,
der euch bleibt. ^{35} Werft also eure Zuversicht nicht weg, die großen
Lohn mit sich bringt. ^{36} Was ihr braucht, ist Ausdauer, damit ihr den
Willen Gottes erfüllen könnt und so das verheißene Gut erlangt.

10^{32} wörtl.: einen harten Leidenskampf (viel Leidenskampf) ausgehalten habt
10^{33} wörtl. (an ^{32} anschließend): teils durch Beschimpfungen und Drangsale zur Schau gestellt (theatrizomenoi!), teils Genossen derer, denen es so erging, geworden
10^{36} wörtl. begründend: Denn Geduld (= Standhaftigkeit) habt ihr nötig, damit ihr den Willen Gottes tut und so die Verheißung davontragt

$^{32-34}$ Die Anfänge des Christseins waren für die Adr mit Bedrängnissen verbunden: Einige haben öffentliche Beschimpfungen und Gefangenschaft erleiden müssen, andere haben sich mit ihnen solidarisiert und deshalb ähnliche Strafen in Kauf genommen (die Vermögenskonfiskation wird nach römischem Recht als Verschärfung anderer Strafen verhängt und verweist deshalb hier auf weiter reichende Bestrafung). Die sparsamen Andeutungen lassen eine nähere Einordnung der Geschehnisse nicht zu. Vf geht es sachlich auch nur um die »Erinnerung« daran, daß die Adr damals jene »Ausdauer« gezeigt haben, an der es ihnen jetzt mangelt (^{32} verweist mit gr. hypomenein = »bestehen« bereits auf das »Leitwort« gr. hypomone = »Ausdauer«, »Geduld«: 10^{36} $12^{1.2.3.7}$). Die Haltung wahren Glaubens, die Vf Kap. 11 mit einer langen Paradigmenreihe belegen wird, bezeugt den Adr somit schon ihre eigene Geschichte: Sie haben den Verlust irdischen Besitzes mit Freuden ertragen können, weil sie feststanden in dem erhofften himmlischen Besitz und überführt waren von der jenseitigen Wirklichkeit Gottes (↗ 11^{1}).

^{35f} Haben die Leiden des Anfangs die Glaubensfestigkeit der Adr nicht erschüttern können, so hat sie doch die weiterlaufende Zeit mehr und mehr geschwächt. Vf muß sie deshalb zur »Zuversicht« (↗ 4^{16} 10^{19}) des Anfangs zurückrufen, weil nur der Glaube, der in »Ausdauer« den wechselnden Zeiten standhält, zur Vollendung führt. ^{37f} Ein Mischzitat aus Jes 26^{20} und Hab 2^{3f} soll dieser

[37] Denn nur noch *eine kurze Zeit,* Jes 26[20]
dann wird der kommen, der kommen soll, Hab 2[3] G
und er bleibt nicht aus.
[38] *Mein Gerechter aber wird durch den Glauben leben;* Hab 2[4] G
doch wenn er zurückweicht,
habe ich kein Gefallen an ihm.
[39] Wir aber gehören nicht zu denen, die zurückweichen und verlorengehen, sondern zu denen, die glauben und das Leben gewinnen.

b) *Das Glaubenszeugnis der Väter:* 11[1–40]

[1] Glaube aber ist: Feststehen in dem, was man erhofft, Überzeugtsein von Dingen, die man nicht sieht.

10[38c] wörtl.: hat meine Seele kein Gefallen an ihm
10[39] wörtl.: Wir gehören nicht dem Zurückweichen zum Verderben, sondern dem Glauben zur Gewinnung der Seele (des Lebens)
11[1] besser: Feststehen zu dem, was erhofft wird (gr. Plural), Überführtsein von dem, was man nicht sieht

Mahnung das nötige Gewicht verleihen. Denn vor dem eschatologischen Handeln Gottes in Jesus Christus und angesichts der baldigen Parusie gibt es für den Menschen nur zwei einander ausschließende Lebensmöglichkeiten: »Glauben« oder »Zurückweichen«. »Glauben« versteht Vf dabei als beharrliches Feststehen in der einmal geschenkten Hoffnung bzw. als sich in den Bedrängnissen der Zeit bewährende »Ausdauer« (↗ Kap. 11!). »Zurückweichen« benennt einen Lebensstil, der sich den Gegebenheiten der Weltwirklichkeit anpaßt und so mehr und mehr die Gewißheit des in Christus bewirkten Zugangs zu Gott als Lebensmöglichkeit in sich verdrängt. Solches »Zurückweichen« freilich führt – auch wenn es kaum merklich und »lautlos« geschieht – letztendlich zum Abfall und damit zum Gericht. In [39] erscheinen diese beiden Grundhaltungen geradezu als »Mächte«, denen sich der Mensch anheimgibt und mit denen er Heil oder Unheil wählt.

Beschwörend klingt deshalb die abschließende Feststellung: »Wir aber gehören nicht dem Zurückweichen ...., sondern dem Glauben.«

11[1–40] vertieft die Mahnung zur »Ausdauer« in 10[32–39] mit einer exkursartigen Abhandlung über den Glauben. Vf bedient sich dabei einer »Paradigmenreihe«, wie sie sich in der jüdisch-hellenistischen Literatur häufig als spezielle Lehrform findet (vgl. Weish 10 Philo, Praem 13 – auch Sir 44–50 4 Makk 16[16–23] 4 Esra 7[10ff] 1 Klem 9–12.23): Ausgehend von einer Grundsatzaussage über den Glauben, werden in geschichtlicher Abfolge die Glaubenszeugen des AT aufgeführt und durch die litaneiartige Wiederholung des Stichwortes »Glauben« auf das eingangs genannte Thema hingeordnet. Dabei heben sich neben der programmatischen Einleitung [1f] und dem Schluß [39f] noch [3–12.13–16.17–31.32–38] als eigene Abschnitte ab. Vf greift wohl auf eine jüdische Vor-

2 Aufgrund dieses Glaubens haben die Alten ein ruhmvolles Zeugnis erhalten.

3 Aufgrund des Glaubens erkennen wir, daß die Welt durch Gottes Wort erschaffen worden und daß so aus Unsichtbarem das Sichtbare entstanden ist.

Gen 4^4 4 Aufgrund des Glaubens brachte Abel Gott ein besseres Opfer dar als Kain; durch diesen Glauben erhielt er das Zeugnis, daß er gerecht war, da Gott es bei seinen Opfergaben bezeugte, und durch den Glauben redet Abel noch, obwohl er tot ist.

11^2 direkter Anschluß an ^{1}: »in ihm (= dem Glauben)«, erst mit ^{3} beginnt die Aufreihung

11^3 pistei (= dativ instrumentalis): durch Glauben;
andere Übersetzung: so daß nicht aus den erscheinenden Dingen das Sichtbare entstanden ist

lage zurück, die er entsprechend seiner Intention redaktionell bearbeitet (deutlich erkennbare redaktionelle Anteile sind $^{13-16.39f}$).
^{1} bietet eine Art »Definition« des Glaubens: Glauben ist »*Feststehen*« in den erhofften Gaben, also geduldiges Ausharren in der Zusage Gottes (gr. hypostasis ist vieldeutig, hier mit Blick auf 10^{32-39} wohl als »fester Stand« = »Ausharren« zu verstehen). Glaube ist zugleich »*Überführtsein*« von unsichtbaren Dingen, also Ergriffen- und Bewegtsein von der jenseitigen Welt Gottes (gr. elenchos – EÜ zu blaß »überzeugt sein«). Wie auch sonst im Hebr spielen zeitlich-apokalyptische Denkweise und räumlich-dualistische Weltsicht ineinander: Der Glaube kann trotz der Unanschaulichkeit des Heils und der Bedrängnisse der Zeit in der Hoffnung bestehen, weil er gegründet ist in der festen Zusage Gottes im Heilswerk Jesu Christi, in dem jetzt schon »unsere« Vollendung einen »Ort« im Himmel hat. ^{2} Das Zeugnis Gottes stellt die »Väter« des alten Bundes der christlichen Gemeinde als Zeugen des in ^{1} beschriebenen Glaubens vor Augen. Wie 6^{13-20} argumentiert Vf dabei im Rahmen der heilsgeschichtlichen Typologie: Die Glaubenshaltung der Väter in der alten Ordnung, deren Verheißungen noch keine letzte Erfüllung gefunden haben, ist eine dringliche Aufforderung an »uns«, »heute« die eschatologische Rede Gottes in seinem Sohn mit solchem Glauben aufzunehmen.
$^{3-12}$ setzen entsprechend der Abfolge des Buches Genesis mit der Erschaffung der Welt ein, führen das Thema des Glaubens an drei Gestalten der Urväterzeit aus und finden schließlich mit Abraham und Sara zu einem ersten Höhepunkt:
^{3} Die *Erschaffung der Welt* kann zwar nicht als »Glaubenszeuge« berufen werden, ist jedoch deshalb für das Thema wichtig, weil sich an ihr die gläubige Grundeinstellung zur Wirklichkeit entscheidet. Denn das verstehende »Ja zur Erschaffung der Welt durch das Wort Gottes verdankt sich dem Glauben« (H. Braun 341). ^{4} Da Adam und Eva als Zeugen des Glaubens nicht in Betracht kommen, setzt die Aufzählung mit *Abel* ein: Wegen seines Glaubens – dies wird freilich nachträglich an Gen 4^{3ff} herangetragen – wird sein Opfer angenommen und er von Gott als

[5] Aufgrund des Glaubens wurde Henoch entrückt und mußte nicht
sterben; *er wurde nicht mehr gefunden, weil Gott ihn entrückt hatte;* Gen 5^{24} G
vor der Entrückung erhielt er das Zeugnis, daß er *Gott gefiel.* [6] Ohne
Glauben aber ist es unmöglich, (Gott) *zu gefallen;* denn wer zu Gott
kommen will, muß glauben, daß er ist und daß er denen, die ihn su-
chen, ihren Lohn geben wird.
[7] Aufgrund des Glaubens wurde Noach das offenbart, was noch nicht
sichtbar war, und er baute in frommem Gehorsam eine Arche zur Gen 6^{13-22} 7^{1}
Rettung seiner Familie; durch seinen Glauben sprach er der Welt das
Urteil und wurde Erbe der Gerechtigkeit, die aus dem Glauben
kommt.
[8] Aufgrund des Glaubens gehorchte Abraham dem Ruf, *wegzuziehen* Gen $12^{1.4}$
in ein Land, das er zum Erbe erhalten sollte; und *er zog weg,* ohne zu
wissen, wohin er kommen würde.
[9] Aufgrund des Glaubens *hielt er sich als Fremder im* verheißenen *Land* Gen 26^{3}
wie in einem fremden Land *auf* und wohnte mit Isaak und Jakob, den
Miterben derselben Verheißung, in Zelten; [10] denn er erwartete die
Stadt mit den festen Grundmauern, die Gott selbst geplant und ge-
baut hat.

11^{6} wörtl.: denn wer sich Gott naht, muß glauben

11^{7} wörtl.: wurde Noach (von Gott) über das belehrt (gr. chrematizein = Kundgabe in Orkel und Prophetie)

11^{10} wörtl.: deren (= die Stadt) Werkmeister (auch Handwerker) und Bildner (auch Erbauer, Hersteller) Gott ist

»Gerechter« bestätigt (vgl. Mt 23^{35} 1 Joh 3^{12}). Sein Glaube hat auch bewirkt, daß er über den Tod hinaus eine Stimme hat. Er ist darin für Hebr Typos Christi (↗ 12^{24}). [5f] Die geheimnisvolle Gestalt des *Henoch,* die wegen Gen 5^{24} (Entrückung zu Gott) die jüdische Auslegung nachhaltig beschäftigt hat, ist auch in der vorliegenden Paradigmenreihe besonders akzentuiert. An ihr wird deutlich, daß der Glaube in die Gegenwart Gottes führt. [6b] erinnert freilich mahnend daran, daß solcher Lohn wie dem Henoch nur jenem zuteil wird, der sich in der Zeit der Glaubenswanderschaft mit aller Kraft an die jenseitige Wirklichkeit Gottes hält. [7] *Noach* wird als drittes Beispiel gewählt (vgl. 2 Petr 2^{5} Philo, Her 260), weil er im Vertrauen und wider den Augenschein den Anordnungen Gottes Folge geleistet und die Arche gebaut hat. Sein Beispiel zeigt, daß aus dem Glauben die Kraft zur ethischen Bewährung (= »Gerechtigkeit«) erwächst (»Gerechtigkeit, die aus dem Glauben kommt«, ist hier also nicht wie Röm $1^{16.17}$ usw. als Heilswirklichkeit zu verstehen!). [8] In der Folge der Patriarchen nennt die Aufzählung nun *Abraham* (↗ 6^{13-20}), der in den verschiedensten Traditionen gleichermaßen als »Vater des Glaubens« und »Urbild der Gerechtigkeit« erscheint (etwa 1 Makk 2^{52} 4 Makk 16^{20ff} Philo, Her 90ff Röm 4). An ihm zeigt sich Glaube als festes Vertrauen auf Gottes Verheißung und Bindung an das noch nicht erreichte Ziel. Vf vermeidet deshalb jeden di-

Gen 17^{9} 21^{2} 11 Aufgrund des Glaubens empfing selbst Sara die Kraft, trotz ihres
Alters noch Mutter zu werden; denn sie hielt den für treu, der die
Verheißung gegeben hatte. 12 So stammen denn auch von einem ein-
Gen 22^{17} Ex 32^{13} zigen Menschen, dessen Kraft bereits erstorben war, viele ab: *zahl-
reich wie die Sterne am Himmel und der Sand am Meeresstrand, den*
Gen 15^{5} *man nicht zählen kann.*
Ps 39^{13} 119^{19} 13 Voll Glauben sind diese alle gestorben, ohne das Verheißene er-
langt zu haben; nur von fern haben sie es geschaut und gegrüßt und

11^{11} gr. katabole meint eigentlich »die geschlechtliche Funktion des Mannes (= Befruchtung)« (Michel 396). EÜ nimmt den Begriff wohl mit Recht weiter. Als Übersetzung wäre noch möglich: Er (Abraham) empfing *mit* Sara die Kraft zur Zeugung

11^{13} wörtl.: gemäß dem Glauben
wörtl.: daß sie Fremde und Beisassen (= Beiwohner im fremden Land) sind

rekten Bezug auf Kanaan, um den Glauben des Abraham nicht innerweltlich zu verankern. Er bleibt auch im verheißenen Land ein »Fremder« und erscheint so als Prototyp der erst im himmlischen Jerusalem zum Ziel kommenden Glaubenswanderschaft. 11 Auch *Sara* findet unter den Glaubenszeugen Erwähnung. Bei ihr erscheint das Vertrauen auf Gottes Treue (im gr. Text findet sich ein deutlicher Bezug: pistei – pistos) geradezu als die Kraft, aus der ihr wider alle Erfahrung die Empfängnisfähigkeit zukommt (s. Ü.). Der Text schließt dabei – den Gen 18^{6} genannten Zweifel übergehend – vom göttlichen Handeln an Sara auf ihren Glauben. Er liegt damit ganz in der Linie der jüdischen Auslegungstradition, die »die Ahnfrau Israels nur als Vorbild der Frömmigkeit und Tugend denken kann« (A. Strobel 215). 12 So bezeugen Abraham und Sara, daß sich der Glaube nicht nur wider alle Weltwirklichkeit auf das Verheißungswort stützen kann, sondern auch über alle Erfahrung und Wahrscheinlichkeit hinaus neue Wirklichkeiten setzt.

11$^{13-16}$ Ein (wohl in die Vorlage eingefügtes) thematisches Zwischenstück sucht die Ausführung von $^{8-12}$ zu vertiefen und die Patriarchen nochmals als Träger des in ^{1} beschriebenen Glaubens auszuweisen. Auffällig ist in diesem Abschnitt das »dualistische Pathos« (F.-J. Schierse 62), das den Glauben fast ausschließlich aus der Dialektik von Diesseits und Jenseits zu bestimmen scheint. Vom Gesamtkonzept des Hebr her aber erklärt sich diese spezielle Akzentuierung als Orientierung auf die himmlische Welt Gottes, wo im Hohenpriester Jesus Christus die fest verbürgte Vollendung jetzt schon einen »Ort« hat.
13 Trotz besonderer Gaben haben die Patriarchen die letzte Erfüllung der Verheißung nicht erreicht. Sie sind noch »im Glauben« gestorben, haben das Heil nur von Ferne grüßen können und empfanden sich deshalb in dieser Welt als Fremde. Wieder wertet Vf auf irdische Gegebenheiten bezogene Aussagen des AT (wie Gen 23^{4} 47^{9}) als Hinweise für die eschatologische Hoffnung (vgl. 1 Petr 2^{4}). $^{14-16a}$ Als ob er selbst die Schwierigkeiten verspürt, die seine

haben bekannt, daß sie Fremde und Gäste auf Erden sind. 14 Mit die-
sen Worten geben sie zu erkennen, daß sie eine Heimat suchen.
15 Hätten sie dabei an die Heimat gedacht, aus der sie weggezogen
waren, so wäre ihnen Zeit geblieben zurückzukehren; 16 nun aber
streben sie nach einer besseren Heimat, nämlich der himmlischen.
Darum schämt sich Gott ihrer nicht, er schämt sich nicht, ihr Gott ge-
nannt zu werden; denn er hat für sie eine Stadt vorbereitet.
17 Aufgrund des Glaubens *brachte Abraham den Isaak dar, als er auf die* Gen 22^{1f}
Probe gestellt wurde, und gab den *einzigen Sohn* dahin, er, der die
Verheißungen empfangen hatte 18 und zu dem gesagt worden war:
Durch Isaak wirst du Nachkommen haben. 19 Er verließ sich darauf, Gen 21^{12} G
daß Gott sogar die Macht hat, Tote zum Leben zu erwecken; darum Gen 22^{1-18}
erhielt er Isaak auch zurück. Das ist ein Sinnbild.
20 Aufgrund des Glaubens segnete Isaak Jakob und Esau im Hinblick Gen $27^{28f.39f}$
auf das Kommende.

11^{16} wörtl. nur: deshalb schämt sich Gott ihrer nicht, ihr Gott genannt zu werden

11^{19} wörtl.: daher bekam er ihn auch als Gleichnis (gr. parabole ↗ 9^{8}) zurück

Argumentationsweise dem Leser bereiten könnte, fügt er noch einen weiteren Beweisgang an: *Obwohl* die Patriarchen Kanaan erreicht hatten, suchten sie weiterhin nach einer Heimat; *da* sie aber nicht in ihr Ursprungsland zurückkehrten, konnte dieses nicht gemeint sein; *also* trachteten auch sie letztlich nach der »besseren«, »himmlischen« Heimat. ^{16b} Unvermittelt wechselt die Darstellungsform deshalb ins Präsens und verweist auf die bleibende Treue Gottes auch zu den Verheißungen an die »Väter«. In Christus steht für sie die gleiche Vollendung bereit, auf die die christliche Gemeinde hofft (↗ 3^{9f}).

11^{17-31} Die Paradigmenreihe setzt nach $^{13-16}$ wieder mit Abraham ein und führt über Isaak, Jakob, Josef und Mose bis zur Landnahme. Besonderes Interesse findet die Gestalt des Mose, bei der auch das paränetische Interesse des Vf am deutlichsten zutage tritt.

$^{17-19}$ Die Erprobung des *Abraham* erscheint als Glaubenszeichen besonderer Art: Der Stammvater hält sich an den verheißenden Gott statt an das sichtbare Unterpfand dieser Verheißung. Sein Glaube bewährt sich auch angesichts des Todes. Er kann Hand an seinen Sohn legen – ^{17} spricht übersteigert vom tatsächlich vollzogenen Opfer! –, weil er wider alle praktische Vernunft auf Gottes Macht setzt, die auch durch den Tod nicht begrenzt ist. Dieser Glaube bewahrt Isaak vor dem Tod und macht ihn für die christliche Gemeinde zum »Hinweis« auf die im Glauben erhoffte Totenauferstehung (↗ 6^{2}). $^{20-22}$ nehmen summarisch auf *Isaak, Jakob* und *Josef* Bezug: Sie dokumentieren sterbend durch Segen und Anordnung auf die verheißene Zukunft hin ihr Vertrauen auf Gott. Isaaks Segen ist ausdrücklich »im Hinblick auf das Kommende« gegeben. Von Jakob wird wegen des Zusammenhangs (↗ ^{22}) nur der Segen über die Söhne Josefs berichtet.

Gen 47[31] G [21] Aufgrund des Glaubens segnete Jakob sterbend jeden der Söhne Jo-
sefs und *neigte sich über das obere Ende seines Stabes.*
Gen 50[24] [22] Aufgrund des Glaubens dachte Josef vor seinem Tod an den Aus-
zug der Israeliten und traf Anordnungen wegen seiner Gebeine.
Ex 2[2] [23] Aufgrund des Glaubens *wurde* Mose nach seiner Geburt *drei Mo-
nate lang* von seinen Eltern *verborgen, weil sie sahen, daß es ein schönes
Kind war,* und weil sie sich vor dem Befehl des Königs nicht fürchte-
ten.
Ex 2[11f] [24] Aufgrund des Glaubens weigerte sich Mose, als er herangewachsen
war, Sohn einer Tochter des Pharao genannt zu werden; [25] lieber
wollte er sich zusammen mit dem Volk Gottes mißhandeln lassen, als
Ps 69[10] 89[51f] flüchtigen Genuß von der Sünde zu haben; [26] er hielt *die Schmach des*
Hebr 12[2] 13[13] *Messias* für einen größeren Reichtum als die Schätze Ägyptens; denn
er dachte an den künftigen Lohn.
Ex 2[15] [27] Aufgrund des Glaubens verließ er Ägypten, ohne Furcht vor dem
Zorn des Königs; er hielt standhaft aus, als sähe er den Unsichtbaren.
Ex 12[11.13.22f] [28] Aufgrund des Glaubens vollzog er *das Pascha* und *bestrich die Tür-
pfosten mit Blut,* damit *der Vernichter* ihre Erstgeborenen nicht
anrührte.

11[22] wörtl.: Durch Glauben gedachte Joseph sterbend
11[26] wörtl.: er blickte nämlich hin auf die Entlohnung
11[27] wörtl.: den Unsichtbaren, als ob er (ihn) sähe, hielt er fest

Josef trifft im Vertrauen auf den verheißenen Auszug die Anordnung hinsichtlich seiner Gebeine. Seine Person leitet so auf die Mosegestalt über.
[23] Die Eltern des *Mose* widerstehen irdischer Macht, um den Erwählten Gottes zu schützen (äußere Schönheit als Zeichen der Erwählung: 1 Sam 9[2] 16[12]). Sein Leben ist so von Anfang an durch die Kraft des Glaubens getragen. [24–26] Mose beweist solchen Glauben auch selbst in der Entscheidung für sein Volk. Eindrucksvoll stellt der Text die Entscheidungsmöglichkeiten des Mose gegeneinander: Er wählte im Vertrauen auf die Erfüllung aller Verheißungen Gottes das Mitleiden mit seinem Volk statt handgreiflicher Privilegien am Hofe des Pharao (↗ 10[34]!). Von »der Schmach des Messias« ist mit Bezug auf Ps 49[10] 85[51f] gesprochen. Der Begriff bezeichnet für Vf offenbar »jene Schmach, die in der Geschichte des Glaubens alle Zeit prototypisch für das künftige Leiden des Christus von Bedeutung gewesen ist ...« (A. Strobel 221). [27] Moses Flucht nach Midian trotzt der irdischen Macht des Königs im Vertrauen auf Gott (Ex 2[14f] gibt als Motiv der Flucht Furcht an!). Eine spezielle Deutung von Ex 3[1] – 4[17] (brennender Dornbusch) umschreibt seine Glaubenserfahrung ganz im Sinne von [1b] paradox als »Sehen« des »Unsichtbaren«. [28] Gläubig vertraut sich Mose zusammen mit dem Volk dem von Gott verordneten Blutritus an und ruft so die christliche Gemeinde zum Vertrauen auf die Kraft des Blutes Christi, das allein aus dem Verderben retten kann. [29] Auch das Exodusgeschehen wird hintergründig zum Bild für

29 Aufgrund des Glaubens zogen sie durch das Rote Meer wie über Ex 14^{21-31}
trockenes Land; als die Ägypter das gleiche versuchten, wurden sie
vom Meer verschlungen.
30 Aufgrund des Glaubens geschah es, daß die Mauern von Jericho Jos 6^{1-21}
einstürzten, nachdem man sieben Tage um sie herumgezogen war.
31 Aufgrund des Glaubens kam die Dirne Rahab nicht zusammen mit
den Ungehorsamen um; denn sie hatte die Kundschafter in Frieden Jos 2^{11f} $6^{17.22-25}$
aufgenommen.
32 Und was soll ich noch aufzählen? Die Zeit würde mir nicht reichen,
wollte ich von Gideon reden, von Barak, Simson, Jiftach, David und
von Samuel und den Propheten; 33 sie haben aufgrund des Glaubens Dan 6^{23}
Königreiche besiegt, Gerechtigkeit geübt, Verheißungen erlangt, Lö-
wen den Rachen gestopft, 34 Feuersglut gelöscht; sie sind scharfen
Schwertern entgangen; sie sind stark geworden, als sie schwach wa- Dan 3^{23-25}
ren; sie sind im Krieg zu Helden geworden und haben feindliche
Heere in die Flucht geschlagen. 35 Frauen haben ihre Toten durch 2 Makk 6^{18}–7^{42}

11^{34} wörtl.: entflohen dem Mund (Plural) des Schwertes
wörtl.: wurden stark im Krieg (Kampf)

Heil und Gericht: Im Glauben führt ein Weg durch das Rote Meer, der Unglaube stirbt an gleicher Stelle.
30 Die Reihe der Wunder des Auszugs setzt sich bei der Landnahme fort (auf den Wüstenzug geht Vf wohl wegen 3^{7} – 4^{11} nicht ein): Der Fall von *Jericho* wird zum Zeichen dafür, daß Gottes Zusage trotz ihrer derzeitigen Unanschaulichkeit eine reale Macht ist, die sich auch sichtbar durchsetzen wird. 31 Abschließend wird an der Dirne *Rahab* verdeutlicht, daß allein der Glaube, der wider alle äußere Wahrscheinlichkeiten auf Gottes Verheißung setzt, zur Rettung führt.

11^{32-38} Die Paradigmenreihe mündet in eine zusammenfassende Aufzählung, die generalisierend das vielfältige, im einzelnen gar nicht darzustellende Zeugnis beharrlichen Glaubens in der Vergangenheit zur Sprache bringt. Vf verweist in $^{12-35a}$ auf besondere Leistungen der Glaubenszeugen und in $^{35b-38}$ auf ihre vielfältigen Leiden.

32 Rhetorisch geschickt hält Vf mitten in der Aufreihung der Glaubenszeugen inne, als komme ihm erst während des Schreibens zum Bewußtsein, daß deren Zahl ins Unermeßliche steigt. Er nennt deshalb nur noch Gideon, Barak, Simson, Jiftach, David und die Propheten, möchte mit ihnen aber auch die »große Wolke« der ungenannten Zeugen in den Blick nehmen. $^{33-35a}$ beruft eine Fülle von Assoziationen an das AT: Der Sieg über Königreiche läßt an die Zeit der Richter und Davids denken (Ri $3^{10.14ff}$ 4^{17ff} usw.), gleiches gilt für die Ausübung der Gerechtigkeit (etwa 2 Sam 7^{1ff} 8^{9} 12^{3}). Vielfach werden Verheißungen erfüllt (etwa Ri 4^{14} 6^{14} 7^{7}). Die Überwindung von Löwen weist auf Simson, David und Daniel (Ri 14^{4} 1 Sam 17^{34ff} Dan 6^{23}). Letzterer wird mit seinen Freunden aus dem Feuer gerettet (Dan 3); dem Schwert entkommen David (1 Sam 18^{11} 19^{10}), Elija (3 Kön 19^{10}) und Elisäus (4 Kön 6^{14-33}). Die aus Schwachheit gewonnene Kraft läßt an Simson

Auferstehung zurückerhalten. Einige nahmen die Freilassung nicht an
und ließen sich foltern, um eine bessere Auferstehung zu erlangen.
36 Andere haben Spott und Schläge erduldet, ja sogar Ketten und
2 Chr 24^{21} Kerker. 37 Gesteinigt wurden sie, verbrannt, zersägt, mit dem Schwert
umgebracht; sie zogen in Schafspelzen und Ziegenfellen umher, not-
1 Sam 13^{6} leidend, bedrängt, mißhandelt. 38 Sie, deren die Welt nicht wert war,
irrten umher in Wüsten und Gebirgen, in den Höhlen und Schluchten
des Landes. 39 Doch sie alle, die aufgrund des Glaubens (von Gott)
besonders anerkannt wurden, haben das Verheißene nicht erlangt,
40 weil Gott erst für uns etwas Besseres vorgesehen hatte; denn sie
sollten nicht ohne uns vollendet werden.

denken (Ri 16^{28-30}), der Hinweis auf kriegerische Macht dürfte in Männern wie Gideon (Ri 7^{20}) und David (1 Sam 17^{41-51}) seinen Anhalt haben. Totenerweckungen werden von Elija (3 Kön 17^{17-24}) und Elisäus (4 Kön 4^{18-37}) berichtet.
$^{35b-38}$ Ebenso vielfältig wie die Ruhmestaten sind die Leiden jener Glaubensgestalten der Vorzeit: Folterungen und Verzicht auf Freilassung wird von der Mutter und den sieben Söhnen überliefert (2 Makk 6–7). Verspottung war das Schicksal des Jeremias (Jer $20^{2.7f}$) und vieler anderer. Steinigung erleidet Zacharias (2 Chron 24^{20-22} vgl. Mt 23^{35}), von einer Zersägung des Jesaja erzählt die Legende (Mart Jes 5^{11-14}). Vielfach wird vom Tod duch das Schwert berichtet (3 Kön $19^{13.19}$ Jer 26^{23} usw.), die dem Luxus entsagende Bekleidung mit Ziegen- und Schafsfellen findet sich bei Elija (1 Kön 19^{13} 2 Kön 1^{8}). Alle diese Gottesmänner waren bestimmt von der anderen Wirklichkeit der Welt Gottes und deshalb in den irdischen Gegebenheiten fremd und störend: Sie mußten fliehen und im Verborgenen leben (etwa 1 Kön $18^{4.13}$ 19^{4} 2 Makk 5^{27} 6^{11}).
^{39f} Ein wenig unvermittelt schließt Vf die Aufzählung ab und zieht nochmals die Verbindungslinien von den »Vätern« des alten Bundes zur christlichen Gemeinde. All diese hervorragenden Zeugen des alten Bundes haben die letzte Erfüllung erst mit »uns« durch das Heilswerk Jesu Christi erhalten. Sie sind der christlichen Gemeinde deshalb nicht nur Ansporn im Glauben (↗ ^{2}), sondern auch Hinweis auf die endgültige Vollendung des Heils (↗ $^{13-16}$). Zugleich wird den Adr so das besondere heilsgeschichtliche Gewicht ihrer Berufung vor Augen geführt: Der Blick auf die Wege der Heilsgeschichte, die erst in dem »uns« zugesprochenen eschatologischen Wort Gottes ihren Abschluß findet, zeigt die Bedeutung, die dem rechten »Hören des Wortes« »in dieser Endzeit« zukommt.

12^{1-3} appliziert den an den »Alten« aufgewiesenen Glaubensweg auf die christliche Gemeinde und faßt ihn in das gebräuchliche Bild vom Wettkampf (häufig in der antiken Literatur, im NT: 1 Kor 9^{24-27} Gal 2^{2} Phil 2^{16} 3^{13f} 2 Tim 4^{7}). Anders als 1 Kor 9^{24-27} akzentuiert Vf nicht die Erreichung des Zieles, sondern das *Bestehen* des aufgetragenen Kampfes und die dazu notwendige Freiheit von allen irdischen Bindungen (vgl. 13^{3}). Die Adr müssen wieder zu jener inneren Konzentration auf das einzig Notwendige zurückfinden, die von allem Hindernden, von

c) *Das Beispiel Jesu Christi:* 12^{1-3}

[1] Da uns eine solche Wolke von Zeugen umgibt, wollen auch wir alle 1 Kor 9^{24}
Last und die Fesseln der Sünde abwerfen. Laßt uns mit Ausdauer in
dem Wettkampf laufen, der uns aufgetragen ist, [2] und dabei auf Jesus
blicken, den Urheber und Vollender des Glaubens; er hat angesichts 2^{10}
der vor ihm liegenden Freude das Kreuz auf sich genommen, ohne
auf die Schande zu achten, und *sich zur Rechten* von Gottes Thron *ge-* Ps 110^{1}
setzt. [3] Denkt an den, der von den Sündern solchen Widerstand gegen
sich erduldet hat; dann werdet ihr nicht ermatten und den Mut nicht
verlieren.

2. Der höhere Anspruch des Christseins: 12^{4-29}

a) *Die göttliche Pädagogik:* 12^{4-11}

[4] Ihr habt im Kampf gegen die Sünde noch nicht bis aufs Blut Widerstand geleistet, [5] und ihr habt die Mahnung vergessen, die euch als Söhne anredet:

12^{1} wörtl.: Daher denn, da wir eine solche uns umgebende Wolke von Zeugen haben
wörtl.: die leicht bestrickende Sünde

12^{2} wörtl.: in dem vor uns liegenden Wettkampf
andere Übersetzungsmöglichkeit: *Anführer* und Vollender des Glaubens (↗ 2^{10})
besser: um der vor ihm liegenden Freude (= Erhöhung) willen, weitere Übersetzungsmöglichkeit: anstatt der vor ihm liegenden Freude (dann evtl. Bezug auf [16]?)

12^{3} wörtl.: damit ihr nicht müde werdet, in euren Seelen verzagt

Trägheit und Sünde frei macht. Nur so werden sie den Glaubenskampf dieser Zeit bestehen. Vf ruft sie deshalb dazu auf, mehr noch als auf die »Väter« auf Jesus selbst zu schauen (↗ 2^{5-9} 3^{1-6}): Seine »Glaubenstreue ... Gott gegenüber macht ihn zum Vorläufer und Vorbild aller, die sich entscheiden, im Glauben an Gottes Verheißungen die Antilogie der Sünde auszustehen« (P.-G. Müller, Archegos 309). Sein Weg durch das Todesleiden zur Herrlichkeit hat auch allen Glaubenden den Zutritt zu Gott eröffnet. Er hat also denen, die noch im »Wettkampf« laufen, erst die Erreichung des Zieles ermöglicht und ist deshalb nicht nur »Anführer« und »Vorläufer«, sondern auch »Vollender« des Glaubens (↗ 2^{10-16}). Somit gilt für die Adr: Die »intensive Vergegenwärtigung der Passion Jesu ... ist das beste Mittel, um in der eigenen Passion fest zu bleiben« (H. Windisch 100).

12^{4-11} Vf bleibt beim Thema der »Ausdauer« und der Bewährung im Glauben, gibt ihm aber durch die Frage nach der Sinngebung der in der Nachfolge erlittenen Bedrängnisse eine neue Wendung. Er greift

Spr 3^{11f} G *Mein Sohn, verachte nicht die Zucht des Herrn,*
verzage nicht, wenn er dich zurechtweist.
6 *Denn wen der Herr liebt, den züchtigt er;*
er schlägt mit der Rute jeden Sohn, den er gern hat.
Ps 73^{14f} 7 Haltet aus, wenn ihr gezüchtigt werdet. Gott behandelt euch wie
Söhne. Denn wo ist ein Sohn, den sein Vater nicht züchtigt? 8 Würdet
ihr nicht gezüchtigt, wie es doch bisher allen ergangen ist, dann wäret
ihr nicht wirklich seine Kinder, ihr wäret nicht seine Söhne. 9 Ferner:
An unseren leiblichen Vätern hatten wir harte Erzieher, und wir ach-
Num 16^{22} 27^{16} teten sie. Sollen wir uns dann nicht erst recht dem Vater der Geister
unterwerfen und so das Leben haben? 10 Jene haben uns für kurze
Zeit nach ihrem Gutdünken in Zucht genommen; er aber tut es zu
unserem Besten, damit wir Anteil an seiner Heiligkeit gewinnen.

12^4 wörtl.: achte nicht gering
12^6 wörtl. schärfer: er *geißelt* aber jeden Sohn
12^7 wörtl.: Zum Zwecke der Züchtigung haltet aus, oder indikativisch: Ihr haltet zum Zweck der Züchtigung aus – gr. paideia wird in $^{4-13}$ durchgängig negativ als »Züchtigung« und nicht positiv als »Erziehung« gebraucht
12^8 wörtl.: Wenn ihr ohne Züchtigung seid ..., seid ihr also Uneheliche und nicht Söhne
12^9 wörtl.: Die Väter unseres Fleisches hatten wir als Zuchtmeister

freilich nicht direkt auf den von 12^{1-3} her naheliegenden christologischen Ansatz zurück, sondern nimmt mit Spr 3^{11f} Motive der jüdischen Leidenstheologie auf ($^{4-6}$), die er in einer midraschartigen Entfaltung ($^{7-11}$) auf den Gedanken der Sohnschaft hin auslegt.

$^{4-6}$ Die Adr haben den inneren Gefährdungen ihrer Situation auch aus Angst vor Repressalien nur ungenügend widerstanden (»bis aufs Blut« spricht nicht vom Martyrium, sondern vom bedingungslosen Einsatz!). Vf beläßt es freilich nicht bei Appellen, sondern sucht dieser Leidensscheu auch argumentativ mit einer theologischen Erklärung der aus der Nachfolge hervorgehenden Leiden zu begegnen. Mit Spr 3^{11f} verweist er dabei auf einen zentralen Topos der Leidenstheologie des Judentums, die in der Weisheitsliteratur durchgängig mit der Theodizeefrage verbunden ist: Züchtigungen sind nicht Ausdruck der Verwerfung, sondern der Gnade; durch sie bewahrt Gott als »Erzieher seines Volkes« Israel vor dem Gericht (vgl. etwa Dt 8^5 2 Sam 7^{14} Ijob 5^{17} Jer 20^{30} 31^{18}).

$^{7-11}$ Die Auslegung von Spr 3^{11f} legt den Akzent nicht auf das Theodizeeproblem, sondern auf die durch Leiden erwiesene *Gotteskindschaft* (im NT wird auf Spr 3^{11f} noch in 1 Kor 1^{32} und Offb 3^{19} Bezug genommen). Die Erziehung durch menschliche Väter, die nach antikem Verständnis immer auch mit Züchtigungen verbunden war, wird zum Bild des liebenden und bewahrenden Handelns Gottes, ist also nicht Ausdruck der Verwerfung, sondern der Erwählung. Vf argumentiert wieder vom »Geringeren« zum »Höheren«: Wenn man schon die Züchtigungen menschlicher Väter ertragen hat, weil es ihnen ja doch um die Ausbil-

[11] Jede Züchtigung scheint zwar für den Augenblick nicht Freude zu bringen, sondern Schmerz; später aber schenkt sie denen, die durch diese Schule gegangen sind, als Frucht den Frieden und die Gerechtigkeit.

b) *Mahnung zur Verwirklichung der geschenkten Gnade:* 12^{12-17}

[12] Darum *macht die erschlafften Hände wieder stark und die wankenden* Jes 35^3 Ijob 4^{3f}
Knie wieder fest, [13] und *ebnet die Wege für eure Füße,* damit die lah- Spr 4^{26} G
men Glieder nicht ausgerenkt, sondern geheilt werden. [14] *Strebt voll* Ps 34^{15}
Eifer nach Frieden mit allen und nach der Heiligung, ohne die keiner

12^{11} wörtl.: später aber schenkt sie denen, die durch sie geübt worden sind, die Friedensfrucht der Gerechtigkeit

12^{12} wörtl.: Darum richtet die erschlafften Hände und die gelähmten Knie wieder auf.

12^{13} andere Übersetzungsmöglichkeit: »Schlagt gerade Bahnen ein mit euren Füßen« (O. Michel 447)
wörtl.: damit das Lahme nicht ausgerenkt werde

12^{14} wörtl.: Trachtet nach (dem) Frieden mit allen

dung der reifen Persönlichkeit ging, so muß man sich noch viel mehr der Zucht Gottes unterwerfen, weil er durch Leiden zur Teilhabe an seiner Herrlichkeit erzieht (»Frieden« und »Gerechtigkeit« stehen hier generell für die eschatologische Vollendungsgabe ↗ 7^2 auch Ps 85^{11} Jer 32^{17} Jak 3^{18}). Der Christ, der sich dieser väterlichen Züchtigung Gottes entziehen wollte, würde sich auch der mit ihr verbundenen Erwählung entziehen. Deutlich spürt man die Sorge des Vf, die Adr könnten sich durch ihre Leidensscheu selbst zu Nicht-Söhnen machen. Dabei gibt er in ^{11} zu erkennen, daß er Verständnis für ihre Belastung hat und ihre Leiden und Anfechtungen nicht geringachtet. Er will aber auch den größeren Horizont der Vollendung nicht in Vergessenheit geraten lassen, der die Bedrängnisse des Jüngerseins in ein neues Licht stellt: Die Leiden müssen dann nicht nur als schicksalhaft verhängte Widerfahrnisse ertragen werden, sondern bekommen durchaus die »Qualität einer persönlich zu verantwortenden Aufgabe« (F.-J. Schierse 139).

12^{12-17} Nur die Bereitschaft, in der Nachfolge auch Leiden ertragen zu wollen, kann die Adr zu einem neuen Aufbruch des Glaubens führen. Vf fügt deshalb an die theologische Reflexion über die väterlichen Züchtigungen Gottes in $^{4-11}$ eine Reihe von Mahnungen zur inneren Festigung des gesamten Glaubenslebens an.

^{12f} Der Glaube der Adr bietet ein Bild völliger Erschöpfung, Verängstigung und Schwäche. Sie werden deshalb mit Spr 4^{26} zum »aufrechten Gang« (= der gerade und sicher begangene Weg) ermuntert. Weiteres »Zurückweichen« würde zum völligen Verfall führen. Die »zielklar vorwärts schreitende Gemeinschaft« dagegen wird »auch das Schwache in ihrer Mitte sich kräftigen« lassen (H. Strathmann 150). $^{14-16}$ Weil solche Erneuerung aber nur im brüderli-

den Herrn sehen wird. [15] Seht zu, daß niemand die Gnade Gottes ver-
Dtn 29^{17} G scherzt, *daß keine bittere Wurzel wächst und Schaden stiftet* und durch
sie alle vergiftet werden, [16] daß keiner unzüchtig ist oder gottlos wie
Gen 25^{33f} *Esau*, der für eine einzige Mahlzeit sein *Erstgeburtsrecht verkaufte.*
Gen 27^{30-40} [17] Ihr wißt auch, daß er verworfen wurde, als er später den Segen er-
ben wollte; denn er fand keinen Weg zur Umkehr, obgleich er unter
Tränen danach suchte.

12^{15} wörtl.: daß nicht etwa einer zurückbleibt hinter (weg von) der Gnade Gottes
wörtl.: und durch sie viele befleckt werden
12^{16} wörtl.: daß nicht ein Unzüchtiger oder Gemeiner sei
12^{17} wörtl.: er fand keinen Ort (Raum) zur Umkehr

chen Miteinander der Gemeinde wachsen kann, mahnt Vf zum »Frieden« untereinander (Ps 33^{15} – vgl. Mt 5^{9} Röm 12^{18} 14^{19} 2 Tim 2^{22} 1 Petr 3^{11}). Vielleicht hat er dabei auch die über den speziellen Rahmen der Adr-Gruppe hinausreichende Verbindung zur Gesamtgemeinde im Blick (vgl. zum Frieden mit *»allen«* den Gruß an *»alle«* Vorsteher und Heiligen in 13^{24}!). Es bedarf gerade in Zeiten der Glaubensverunsicherung des breiten Fundamentes gegenseitiger Verantwortung (gr. episkopountes = »seht zu«, weist der Gemeinde eine geradezu amtliche Aufsichtspflicht zu!): Einzelne nämlich können nicht nur sich selbst von Gottes Gnade ausschließen, sondern auch die ganze Gemeinschaft durch ihren Wandel in Mitleidenschaft ziehen. Das atl Bild für den Götzendienst (Dtn 25^{12}) wird dabei generell auf alle sittlichen Verfehlungen ausgeweitet, durch die sich der Mensch dem »Hinzutreten« zu Gott verweigert. An Esau wird in diesem Sinn der Abfall in Genußsucht und Unzucht als »Verkauf« der Heilszusage Gottes für das »Linsengericht« irdischer Erfüllung verdeutlicht. Esau erscheint geradezu als Gegenbeispiel zur »Wolke von Zeugen« in Kap. 11: Er gab Ewiges weg, um Irdisches zu erhalten, und wird so zum Bild des Christen, der die durch Christus bewirkten »künftigen Güter« wieder aus den Händen gibt (↗ 6^{4-12} 10^{26-31}). [17] Warnend stellt Vf seinen Lesern die Not dessen vor Augen, der in der sicheren Erwartung des Gerichts leben muß und keine Möglichkeit der Buße mehr gewährt bekommt.

12^{18-24} Höhere Gaben bringen größere Verantwortung mit sich. Wenn die Christen nicht zum vorläufigen Sinaibund ($^{18-21}$), sondern zum eschatologischen Zion »hinzugetreten« sind ($^{22-24}$), dann verlangt dies von ihnen auch eine dieser Gabe angemessene Beharrlichkeit in der Entscheidung. Nochmals begründet Vf so die Mahnungen in $^{12-17}$.
$^{18-21}$ Das Sinaigeschehen verbleibt in den Grenzen von Raum und Zeit (gr. pselaphao = »betasten«, »berühren«, »sinnlich wahrnehmen« vgl. Lk 24^{39} 1 Joh 1^{1}!); die numinosen und beängstigenden Phänomene lassen die unüberbrückbare Kluft zwischen Gott und den Menschen stark hervortreten. [20] ist schwer einzuordnen, dient Vf aber offensichtlich zur theologischen Kennzeichnung der Ereignisse: Der Zutritt zu Gott ist noch verwehrt! Zwar wird *Gottes*

c) *Die Größe der Berufung:* 12^{18-24}

18 Denn ihr seid nicht zu einem sichtbaren, *lodernden Feuer* hingetre- Ex 19^{16-19}
ten, *zu dunklen Wolken, zu Finsternis und Sturmwind,* 19 *zum Klang* Dtn 4^{11}
der Posaunen und zum Schall der Worte, bei denen die Hörer fleh- Ex 20^{19}
ten, diese Stimme solle nicht weiter zu ihnen reden; 20 denn sie ertru-
gen nicht den Befehl: Sogar *ein Tier, das den Berg berührt, soll gestei-* Ex 19^{13}
nigt werden. 21 Ja, so furchtbar war die Erscheinung, daß Mose rief:
Ich bin voll Angst und Schrecken. 22 Ihr seit vielmehr zum Berg Zion Dtn 9^{19}
hingetreten, zur Stadt des lebendigen Gottes, dem himmlischen Jeru- Gal 4^{26}
salem, zu Tausenden von Engeln, zu einer festlichen Versammlung
23 und zur Gemeinschaft der Erstgeborenen, die im Himmel verzeich-
net sind; zu Gott, dem Richter aller, zu den Geistern der schon voll-
endeten Gerechten, 24 zum Mittler eines neuen Bundes, Jesus, und 9^{15}
zum Blut der Besprengung, das mächtiger ruft als das Blut Abels. Gen 4^{10}

12^{18} wörtl.: zu einem betastbaren und lodernden Feuer, andere LA (wohl an 22 angleichend und vereinfachend): zu einem betastbaren Berg und lodernden Feuer

12^{22-24} EÜ läßt die Struktur nicht erkennen. Wörtl.: zum Berg Zion *und* zur Stadt ..., zum himmlischen Jerusalem *und* zu Tausenden ..., zur Festversammlung *und* zur Gemeinschaft ... und zum Richter *und* den Geistern ... und zum Mittler ... *und* zum Blut ...

12^{22} wörtl.: Zu einer Festversammlung (gr. panegyris hat wohl eine kultische Versammlung im Blick – Am 5^{21} Philo, Vit Mos 2^{159})

12^{23} wörtl.: zu einem Richter, dem Gott aller – gemeint ist: zum Richter und Gott aller

Nähe durch außergewöhnliche Erscheinungen bezeichnet, *er selbst* aber, den Vf bewußt unerwähnt läßt, bleibt hinter diesen in undurchdringlichem Dunkel verborgen. Dies aber ist für Hebr die generelle Signatur des alten Bundes (↗ 9^{7f}).

$^{22-24}$ Sieghaft stellt Vf nun den Adr die eschatologischen Heilsgaben vor Augen, zu denen sie durch das Opfer Jesu Christi bereits »hinzugetreten« sind (angeordnet in 5 Doppelgliedern): 1. Der »*Berg Zion*« bezeichnet als Gegenbild zum nur »irdischen« Sinai das eschatologische Heil (vgl. etwa Offb 14^{1}), den *Wohnsitz des lebendigen Gottes,* zu dem nun der Weg aufgetan ist (↗ 12^{19-21}). 2. Den traditionellen apokalyptischen Topos vom »*himmlischen Jerusalem*« (vgl. etwa Gal 4^{21-30} Offb 21^{10-14}) konkretisiert Vf durch den Hinweis auf »*Myriaden von Engeln*« (vgl. Dan 7^{10}). Er stellt den Adr »keine abstrakte Wirklichkeit« vor Augen, »sondern vollendete personhafte Gemeinschaft« (A. Strobel 239). 3. Als «*Festversammlung*« und »*Gemeinschaft*« (gr. ekklesia!) »*der Erstgeborenen*« erscheint hier die christliche Gemeinde, in der der Christ jetzt schon zur himmlischen Gemeinschaft der Engel »hinzutritt« (↗ 13^{13-16}). 4. Als gerechter *Richter* wird Gott auch der jetzt noch bedrängten Gemeinde zu ihrem Recht verhelfen. Der Hinweis auf die »*Geister der vollendeten Gerechten*« stellt diese Vollendung dem Leser emphatisch als im Himmel

d) *Die letzte Offenbarung Gottes:* 12^{25-29}

[25] Gebt acht, daß ihr den nicht ablehnt, der redet. Jene haben ihn ab-
gelehnt, als er auf Erden seine Gebote verkündete, und sind (dem Ge-
richt) nicht entronnen; wieviel weniger dann wir, wenn wir uns von
dem abwenden, der jetzt vom Himmel her spricht. [26] Seine Stimme
Hag 2^6 G hat damals die Erde erschüttert, jetzt aber hat er verheißen: *Noch ein-
mal lasse ich es beben,* aber nicht nur *die Erde* erschüttere ich, sondern
auch *den Himmel.* [27] Dieses *Noch einmal* weist auf die Umwandlung
dessen hin, das, weil es erschaffen ist, erschüttert wird, damit das Un-
erschütterliche bleibt. [28] Darum wollen wir dankbar sein, weil wir ein
unerschütterliches Reich empfangen, und wollen Gott so dienen, wie
Dtn 4^{24} es ihm gefällt, in ehrfürchtiger Scheu; [29] denn unser *Gott ist verzeh-*
Jes 33^{14} *rendes Feuer.*

12^{25} wörtl.: Wenn nämlich jene nicht entrannen, die den auf Erden Weisung Erteilenden abgewiesen haben, um wieviel mehr wir, wenn wir uns von dem vom Himmel (Redenden) abwenden

12^{26} wörtl.: noch einmal werde ich erschüttern nicht nur die Erde

schon realisierte Gegenwart vor Augen. 5. Mit dem »*Mittler des neuen Bundes*« und der »*Besprengung mit seinem Blut*« nimmt Vf auf die christologisch-soteriologischen Ausführungen in 7^1 – 10^{18} Bezug und verweist den Leser erneut auf die bleibende Bedeutung des Heilswerkes Jesu Christi.

12^{25-29} Unvermittelt schlägt der Ton um. Vf mahnt die Adr angesichts des baldigen Gerichts, sich der Gaben des neuen Bundes in Glaubenstreue und Hörbereitschaft würdig zu erweisen.

[25] knüpft an 2^{1-4} (vgl. $1^{1.2a}$) an: Brachte schon die irdisch vermittelte Rede am Sinai den Israeliten wegen ihres Unglaubens das Gericht, so bleibt bei Mißachtung des im Sohn gesprochenen Wortes (»der jetzt vom Himmel her spricht«) erst recht keine rettende Instanz mehr.

[26] setzt nochmals zum Vergleich von Sinaigeschehen und eschatologischer Rede Gottes in Jesus Christus an, weitet aber nun den Horizont ins Unermeßliche: Hatte schon Gottes Wort am Sinai die Erde erschüttert und Schrecken und Angst verbreitet, so ist mit der eschatologischen Rede Gottes eine Wiederholung dieses Geschehens in kosmischen Ausmaßen verbunden, die die sichtbare Welt an ihr Ende bringen und so die Ereignisse am Sinai weit hinter sich lassen wird. Bezeichnend ist freilich, daß Vf Hag 2^6 dennoch als Verheißungwort einführt: Die Zerstörung des Irdischen ist notwendig, damit das Himmlische bleibend-gültig hervortreten kann. Denn das Unvergängliche wird über diese Ablösung des Irdischen hinaus Bestand haben: die neue Welt Gottes, das himmlische Jerusalem, die lebenschaffende Gemeinschaft mit Gott. [28f] Wer sich an Gottes Wort hält, kann dieses Geschehen deshalb mit Zuversicht erwarten, denn er gehört bereits der unvergänglichen Welt an (↗ 1^{14}) und ist so eigentlich schon über die Katastrophe hinübergerettet. Im

3. Allgemeine Mahnungen: 13^{1-17}

a) *Genereller Aufruf zu christlichem Leben:* 13^{1-6}

1 Die Bruderliebe soll bleiben. 2 Vergeßt die Gastfreundschaft nicht; Gen 18^{3}
denn durch sie haben einige, ohne es zu ahnen, Engel beherbergt. 19^{2f}
3 Denkt an die Gefangenen, als wäret ihr mitgefangen; denkt an die 10^{34}
Mißhandelten, denn auch ihr lebt noch in eurem irdischen Leib. 4 Die
Ehe soll von allen in Ehren gehalten werden, und das Ehebett bleibe 1 Kor 5^{11} 7^{2-4}
unbefleckt; denn Unzüchtige und Ehebrecher wird Gott richten. Eph 5^{5}
5 Euer Leben sei frei von Habgier; seid zufrieden mit dem, was ihr 1 Tim 6^{3-10}
habt; denn Gott hat versprochen: *Ich lasse dich nicht fallen und ver-* Dtn $31^{6.8}$ Jos 1^{5}
lasse dich nicht. 6 Darum dürfen wir zuversichtlich sagen:

13^{3} wörtl.: Denkt an die Gefangenen wie Mitgefangene, an die Leidenden wie solche, die noch im Leibe sind

13^{5} wörtl.: denn er selbst hat gesagt

Hinblick auf diese Zuversicht ist das Leben der Gemeinde jetzt schon vom »Hinzutreten« zu Gott bestimmt, klingt ihr Gotteslob in das himmlische Lob der Engel mit ein. Freilich darf sie nicht aus dem Auge verlieren, daß dieser Gott eifersüchtig über seine Heiligkeit wacht und als verzehrendes Feuer die Sünder vernichten wird (↗ $10^{27.30f}$).

13^{1-6} An die eindringliche Gerichtsmahnung fügt Vf einige nur locker miteinander verbundene Grundmahnungen der urchristlichen Paränese an.

1 Selbstverständlich steht wie auch sonst im NT die Mahnung zur Bruderliebe an hervorgehobener Stelle (vgl. Röm 12^{10} 1 Thess 4^{9} 1 Petr 1^{22} 2 Petr 1^{7}). 2 Bruderliebe aber bewährt sich auch in christlicher Gastfreundschaft gegenüber reisenden Glaubensgenossen, Wanderlehrern und Missionaren (Röm 12^{1} 16^{1} Phlm ^{21} 1 Tim 3^{2} 5^{10}). 3 Ein weiteres Feld der Bruderliebe ist die Hilfe für die um des Glaubens willen Eingekerkerten oder auf andere Weise Bedrängten (↗ 10^{34} vgl. Röm 12^{13} 1 Kor 12^{26} Phil 4^{10f} Kol 4^{18} 1 Klem 59^{4}). Auch die Adr sind ja – solange sie noch »im Leibe« sind (2 Kor 5^{6} 12^{2}) – immer von ähnlichen Bedrängnissen bedroht. 4 mahnt mit der für die ganze frühe Kirche kennzeichnenden Schärfe zu ehelicher Treue und warnt vor bedenkenlosem Sich-Ausleben im sexuellen Bereich (1 Kor 5^{9ff} 6^{13ff} 7^{1ff} 1 Thess 4^{1ff}). Vf geht es dabei um ethische Bewährung einer nicht im »Irdischen« gegründeten Lebenshaltung und um die Glaubwürdigkeit der Christen »vor der heidnischen Umwelt, die sich weithin im Zustand sexueller Verwahrlosung befand« (A. Strobel 246).

5f Prüfstein echter Glaubenshaltung ist auch das Verhältnis zum Besitz (vgl. 1 Kor 5^{9f} 6^{9f} 1 Thess 4^{3-6} Eph 5^{5}). Hebr spricht nicht einem asketischen Rigorismus das Wort, sondern mahnt zu einer maßvollen Lebensführung, die nicht über das Gegebene hinausdrängt. Vf nimmt dabei zwar Vorstellungen der zeitgenössischen Popularphilosophie auf, beschreibt die geforderte Lebenshaltung aber nicht als philosophische

Ps 118[6] G *Der Herr ist mein Helfer, ich fürchte mich nicht.*
Was können Menschen mir antun?

b) *Der christliche Gottesdienst:* 13[7–17]

[7] Denkt an eure Vorsteher, die euch das Wort Gottes verkündet haben; schaut auf das Ende ihres Lebens, und ahmt ihren Glauben
Kol 2[21] nach! [8] Jesus Christus ist derselbe gestern, heute und in Ewigkeit.
1 Tim 1[6f] 4[3] [9] Laßt euch nicht durch mancherlei fremde Lehren irreführen; denn
2 Tim 2[14–16] es ist gut, das Herz durch Gnade zu stärken und nicht dadurch, daß
9[10] man nach Speisevorschriften lebt, die noch keinem genützt haben.
[10] Wir haben einen Altar, von dem die nicht essen dürfen, die dem
Lev 16[27] Zelt dienen. [11] Denn die Körper der Tiere, *deren Blut* vom Hohen-

13[6] wörtl.: Der Herr (ist) mir Helfer und ich werde mich nicht fürchten, was wird ein Mensch mir antun

13[7] Andere Übersetzungsmöglichkeit: schaut auf den Ertrag (Erfolg) ihres Lebens

13[9] wörtl.: denn es ist gut, daß durch Gnade gefestigt wird das Herz, nicht durch Speisen, durch die die keinen Nutzen hatten, die damit umgingen (so wandelten)

Tugend, sondern als Antwort des Menschen auf Gottes Fürsorge und Treue.

13[7–17] An die allgemeine Paränese in [1–6] fügt sich eine spezielle Belehrung über den wahren Gottesdienst der christlichen Gemeinde an. Das Thema ist sicher durch bestimmte Geschehnisse und Gottesdientspraktiken bei den Adr vorgegeben. Auffällig sind die rahmenden Hinweise auf die »Vorsteher« ([7.17]): Es geht dem Abschnitt ganz offensichtlich um die Wahrung der rechten Lehre und Glaubenspraxis.

[7f] Vf erinnert die Adr mit Nachdruck an das bleibend-gültige ([8]!) Anfangszeugnis der bereits verstorbenen Gemeindeleiter (Gemeindegründer?), weil er diese Norm des gemeinsamen Glaubens bei ihnen gefährdet sieht. [9f] Sie haben seiner Meinung nach die Neigung, »*Speisen*« an die Stelle der »*Gnade*« zu setzen (gr. ist nicht von »Speisegesetzen« die Rede!). Man wird dies wohl mit einem falschen Eucharistieverständnis in Verbindung bringen müssen (wenig wahrscheinlich: Warnung vor dem Abfall ins Judentum, vor der Befolgung asketischer Speisegebote, vor der Teilnahme an kultischen Mahlzeiten der jüdischen Diaspora oder der Gnosis). Die Adr stehen offenbar in Versuchung, die Eucharistie wie ein hellenistisches Mysterienmahl zu feiern und mit einem massiv sakramentalistischen Verständnis des Herrenmahls die Heilsfrage zu verbinden. Vf stellt deshalb klar: »*Wir*« Christen »*haben*« zwar einen »*Altar*« (hier übergreifend für Kult), aber *kein Opfermahl* für die, die den Kult ausüben. Die Wendung »die dem Zelte dienen« meint hier die Diener *dieses* Altares, also die Christen. Das heißt: Das ein für allemal vollzogene Opfer Christi ist der einzige »Kult« der Christen; es darf auch in der Gemeinde nicht durch »irdische« Heilszeichen oder -vollzüge verstellt wer-

priester *zur Sühnung der Sünde in das Heiligtum gebracht wird, werden*
außerhalb des Lagers verbrannt. [12] Deshalb hat auch Jesus, um durch Mt 27[33] Joh 19[16]
sein eigenes Blut das Volk zu heiligen, außerhalb des Tores gelitten.
[13] Laßt uns also zu ihm *vor das Lager hinaus*ziehen und seine
Schmach auf uns nehmen. [14] Denn wir haben hier keine Stadt, die be-
stehen bleibt, sondern wir suchen die künftige.
[15] Durch ihn also laßt uns *Gott* allezeit *das Opfer des Lobes darbringen,* Ps 50[14.23] Hos 14[3]
nämlich *die Frucht der Lippen,* die seinen Namen preisen. [16] Vergeßt
nicht, Gutes zu tun und mit anderen zu teilen; denn an solchen Op-
fern hat Gott Gefallen. [17] Gehorcht euren Vorstehern, und ordnet Apg 20[28–31]
euch ihnen unter, denn sie wachen über euch und müssen Rechen- 1 Kor 16[16]
schaft darüber ablegen; sie sollen das mit Freude tun können, nicht 1 Petr 5[4]
mit Seufzen, denn das wäre zu eurem Schaden.

13[16] wörtl.: Das Wohltun und den Gemeinsinn (gr. koinonia) vergeßt nicht

den. Unklar bleibt, ob Vf einer generellen Ablehnung des Herrenmahls das Wort redet oder nur in überspitzter Form vor einem magisch-sakramentalistischen Eucharistieverständnis warnt. Der Rekurs auf die »rechte Lehre« und Glaubenspraxis legt letzteres nahe. [11f] begründen [10]: Das Sterben Jesu geschah »vor der Stadt«, war also kein kultisches Geschehen, sondern letzte Erniedrigung des Sohnes im Gehorsam. Es kann von seinem innersten Wesen her deshalb nicht durch ein Kultmahl, sondern nur durch das Gehen des gleichen Weges aufgenommen werden. Auch hier findet Vf im Ritual des Versöhnungstages typologische Haftpunkte (Fehlen des Opfermahles, Verbrennen der Tierleiber außerhalb des Lagers), die er begründend voranstellt. – So ergibt sich für [9–12] folgendes Verständnis: Die von Vf »bekämpfte Richtung glaubt, dem Ernst der Christus-Nachfolge entgehen zu können durch eine mißverstandene sakramentale Frömmigkeit. Der Hebr verweist demgegenüber auf das Kreuz: ›Außerhalb des Lagers‹, ›vor den Toren‹, dort ist unser Altar, dort ist Christus zu finden« (F.-J. Schierse, Heilsgewißheit 193). [13] Der Gottesdienst der Christen hat es deshalb auch zunächst mit der Kreuzesnachfolge zu tun: Im »Hinausgehen vor das Lager« und in den damit verbundenen Leiden tritt der Glaubende jetzt schon zur ewigen Stadt und den Myriaden von Engeln hinzu (↗ 12[22–24]). Anstelle eines nur »irdischen« Opfermahles stehen so das »Opfer des Lobes« und die »Frucht der Lippen«: die Teilnahme am ewigen Gotteslob der eschatologisch-himmlischen Heilsgemeinde. [16] stellt dem unangemessenen Versuch, am »christlichen Altar«, ein »irdisches« Kultmahl feiern zu wollen, die Wohltätigkeit als weitere Form des angemessenen »Opferdienstes« entgegen (vgl. schon die prophetische Tradition: Am 5[21–26] Jes 1[10–17] usw.). [17] läßt auf heftige Auseinandersetzungen bei den Adr über die in [8–11] angesprochene Frage schließen. Vf argumentiert ganz aus der Sicht der Vorsteher!

13[18–21] Deutlicher als im Corpus des Schreibens bringt sich Vf in den Schlußbemerkungen als konkretes Gegenüber der Adr in Erscheinung. Zunächst verbindet er sich mit ihnen

IV. BRIEFSCHLUSS: 13^{18-25}

1. Gebetsbitte und Segenswunsch: 13^{18-21}

Röm 15^{30} ^{18} Betet für uns! Zwar sind wir überzeugt, ein gutes Gewissen zu ha-
ben, weil wir in allem recht zu leben suchen; ^{19} um so dringender aber
Apg 12^{5} bitte ich um euer Gebet, damit ich euch recht bald zurückgegeben
Röm 15^{30} werde. ^{20} Der Gott des Friedens aber, der Jesus, unseren Herrn, *den*
Jes 63^{11} Sach 9^{11} erhabenen *Hirten seiner Schafe,* von den Toten *heraufgeführt hat durch*
1 Petr 5^{4} Jes 55^{3} *das Blut eines ewigen Bundes,* ^{21} er mache euch tüchtig in allem Guten,
Röm 16^{27} damit ihr seinen Willen tut. Er bewirke in uns, was ihm gefällt, durch
Jesus Christus, dem die Ehre sei in alle Ewigkeit. Amen.

13^{19} wörtl.: Um so mehr aber ermahne ich euch, dieses zu tun, damit ich euch rascher wiedergegeben werde
13^{20} wörtl.: den großen Hirten

im Gebet, wobei Bitte um das Gebetsgedenken (^{18f}) und Fürbitte (^{20f}) miteinander korrespondieren.

^{18f} Die Bitte des Missionars um das Gebet der Gemeinde ist altkirchliche Gepflogenheit (vgl. etwa Röm 15^{20} 2 Kor 11^{1} 1 Thess 5^{25}), steht hier freilich mit der Bitte um Annahme des Hebr und dem in ^{22} angekündigten Besuch in Verbindung. Die plurale Form scheint auf einen Mitarbeiterkreis um den Vf hinzuweisen (ähnl. 1 Thess 5^{25f}), der offensichtlich mit Mißtrauen und Ablehnung in manchen Gemeinden zu kämpfen hat (ähnl. 2 Kor 1^{12f} 4^{4}). Diese Probleme behindern allem Anschein nach auch die Reisepläne des Vf und lassen ihn vielleicht auch auf seiten der Adr Mißtrauen oder Distanz vermuten. Er beteuert ihnen deshalb nicht nur die untadlige Lebensweise seines »Kreises«, sondern bindet sehr persönlich die Realisierung seiner Besuchsabsicht auch an ihr Gebet. Die Formulierung »damit ich euch ... *zurück*gegeben werde« soll frühere Kontakte in Erinnerung rufen und die innere Verbindung zwischen Vf und Adr betonen (vgl. etwa Phlm ^{22} auch Röm 15^{30-32}).

^{20f} Gott – hier bewußt von seinem Heilswillen her angesprochen (zu »Gott des Friedens« etwa 1 Thess 5^{23} Röm 15^{23} 16^{20} 2 Kor 13^{11}) – hat durch das Erlösungswerk Jesu Christi gehandelt (vgl. grundsätzlich auch $1^{1.2a}$!). Das Bild vom »Vorläufer und Vollender des Glaubens« (12^{2}) wird durch das die Aussagen des AT überbietende Bild vom »*großen Hirten*« (↗ 4^{14} 10^{21}) ergänzt. Nur in diesem weithin vorgeprägten Zusammenhang erwähnt Vf indirekt die Auferstehung, aber auch hier nur als Voraussetzung der Entsühnung bewirkenden Erhöhung. Durch dieses Handeln Gottes in Jesus Christus ist auch dem Menschen ein neues Handeln ermöglicht, das Vf hier nicht von den Adr einfordert, sondern von Gott erbittet.

13^{22-25} Eine knappe Schlußmahnung, wenige die Korrespondenz betreffende Bemerkungen und ein Segensgruß beschließen das Schreiben. Vf bleibt freilich auch hier im Allgemeinen, die näheren Umstände seines Schreibens sind nicht eindeutig aus dem Text zu erheben.

^{22} Wie Vf in ^{17} zur Unterordnung un-

2. Schlußmahnung und Grüße: 13^{22-25}

22 Schließlich bitte ich euch, Brüder, nehmt diese Mahnrede bereitwil-
lig an; ich habe euch ja nur kurz geschrieben. 23 Wißt, daß unser Bru-
der Timotheus freigelassen worden ist; sobald er kommt, werde ich
mit ihm zusammen euch besuchen. 24 Grüßt alle eure Vorsteher und
alle Heiligen! Es grüßen euch die Brüder aus Italien.
25 Die Gnade sei mit euch allen!

13^{22} wörtl.: ich ermahne euch aber
13^{23} andere Übersetzungsmöglichkeit: daß unser Bruder Timotheus weggegangen (= aufgebrochen bzw. abgereist) ist
13^{24} wörtl.: es grüßen euch die aus Italien

ter die örtlichen Vorsteher mahnt, so fordert er 22 zur Annahme seines »Mahnwortes« auf (↗ 5^{11}), sieht sich also durchaus in einer den Gemeindeleitern vergleichbaren Stellung. 23 bringt den geplanten Besuch des Vf bei den Adr mit der Reisetätigkeit des Timotheus in Verbindung, der so selbstverständlich eingeführt wird, daß wir in ihm den allseits bekannten Paulusbegleiter sehen dürfen (vgl. etwa 1 Kor 4^{17} 16^{10f} Apg 16^{1-3}). Vf hat offenbar vom Aufbruch des Timotheus zu einer größeren Missionsreise gehört, der er sich anschließen will und die ihn auch zu den Adr führen soll (die Übers. »Abreise« fügt sich besser zum Reisegedanken als die meist aufgenommene Wiedergabe als »Haftentlassung«). Diese Ankündigung bringt den Hebr in Verbindung mit dem Besuch des Vf bei den Adr und soll diesen offenbar »thematisch« vorbereiten. 24 scheint darauf hinzudeuten, daß es sich bei den Adr um eine spezielle Gruppe innerhalb eines größeren Gemeindeverbandes handelt. Vf trägt ihnen, die offensichtlich in der Gefahr sind, sich aus der Gesamtgemeinde zurückzuziehen, sehr bewußt Grüße an »*alle* Heiligen« und die »Vorsteher« auf. Die Grüße der »*Brüder aus Italien*« lassen sich kaum anders erklären, als daß Vf außerhalb Italiens schreibt und – weil er *nach* Italien schreibt – Grüße von dort stammenden Christen ausrichtet. 25 Mit einem formelhaften Segenswunsch schließt das Schreiben (vgl. Tit 3^{15} auch Röm 16^{20} 1 Kor 16^{23} usw.).

ABKÜRZUNGEN

Alttestamentliche Bücher

Gen	Genesis
Ex	Exodus
Lev	Levitikus
Num	Numeri
Dtn	Deuteronomium
Jos	Josua
Ri	Richter
Rut	Rut
1 Sam	1 Samuel
2 Sam	2 Samuel
1 Kön	1 Könige
2 Kön	2 Könige
1 Chr	1 Chronik
2 Chr	2 Chronik
Esra	Esra
Neh	Nehemia
Tob	Tobit
Jdt	Judit
Est	Ester
1 Makk	1 Makkabäer
2 Makk	2 Makkabäer
Ijob	Ijob
Ps	Psalmen
Spr	Sprichwörter
Koh	Kohelet
Hld	Hoheslied
Weish	Weisheit
Sir	Jesus Sirach
Jes	Jesaja
Jer	Jeremia
Klgl	Klagelieder
Bar	Baruch
Ez	Ezechiel
Dan	Daniel
Hos	Hosea
Joël	Joël
Am	Amos
Obd	Obadja
Jona	Jona
Mi	Micha
Nah	Nahum
Hab	Habakuk
Zef	Zefanja
Hag	Haggai
Sach	Sacharja
Mal	Maleachi

Neutestamentliche Bücher

Mt	Matthäus
Mk	Markus
Lk	Lukas
Joh	Johannes
Apg	Apostelgschichte
Röm	Römerbrief
1 Kor	1. Korintherbrief
2 Kor	2. Korintherbrief
Gal	Galaterbrief
Eph	Epheserbrief
Phil	Philipperbrief
Kol	Kolosserbrief
1 Thess	1. Thessalonicherbrief
2 Thess	2. Thessalonicherbrief
1 Tim	1. Timotheusbrief
2 Tim	2. Timotheusbrief
Tit	Titusbrief
Phlm	Philemonbrief
Hebr	Hebräerbrief
Jak	Jakobusbrief
1 Petr	1. Petrusbrief
2 Petr	2. Petrusbrief
1 Joh	1. Johannesbrief
2 Joh	2. Johannesbrief
3 Joh	3. Johannesbrief
Jud	Judasbrief
Offb	Offenbarung des Johannes

Sonstige Abkürzungen

Adr	die Adressaten des Hebräerbriefes
AT	Altes Testament
atl	alttestamentlich
EÜ	Einheitsübersetzung
G	Septuaginta (LXX)
gr	griechisch
Hs (s)	Handschrift(en)
MT	Masoretischer Text (hebräisches AT)
LA	Lesart
NT	Neues Testament
ntl	neutestamentlich
s. Ü.	vgl. die Hinweise zur Übersetzung
Vf	Verfasser
↗	weitere Hinweise bei

Die Schriften des Philo von Alexandrien

All	Legum Allegoriae
Decal	De Decalogo
Ebr	De Ebrietate
Her	Quis Rerum Divinarum Heres sit
Op	De Opificio Mundi
Plant	De Plantatione
Sacr	De Sacrificiis Abelis et Caini
SpecLeg	De Specialibus Legibus
Praem	De Praemiis et Poenis
Vit Mos	De Vita Mosis

Handbücher, Sammelwerke, Zeitschriften

ACJD	Abhandlungen zum christlich-jüdischen Dialog
AGTL	Arbeiten zur Geschichte und Theologie des Luthertums
ALGHJ	Arbeiten zur Literatur und Geschichte des hellenistischen Judentums
AnBib	Analecta biblica
AncB	Anchor bible
AnGr	Analecta Gregoriana
ANRW	Aufstieg und Niedergang der römischen Welt
AThANT	Abhandlungen zur Theologie des AT und NT
AzTh	Arbeiten zur Theologie
BBE	Beiträge zur biblischen Exegese und Theologie
BET	Bibliotheca ecclesiastica
BEThL	Bibliotheca ephemeridum theologicarum Lovaniensium
BEvTh	Beiträge zur evangelischen Theologie
BFChTh	Beiträge zur Förderung christlicher Theologie
BGBE	Beiträge zur Geschichte der biblischen Exegese
BHTh	Beiträge zur historischen Theologie
BiKi	Bibel und Kirche
BiLe	Bibel und Leben
Billerbeck I–IV	(H. L. Strack –) P. Billerbeck, Kommentar zum NT aus Talmud und Midrasch I–IV, München 1922–1928 (Neudrucke)
BKV	Bibliothek der Kirchenväter
BNTC	Black's New Testament commentaries
BthST	Bibeltheologische Studien
BWANT	Beiträge zur Wissenschaft des AT und NT
BZ	Biblische Zeitschrift
CAe	Commentationes Aeni pontanae
CBQ	Catholic biblical quarterly
CNT (N)	Commentaire du Nouveau Testament. Neuchâtel
CThM	Calwer theologische Monographien
EdF	Erträge der Forschung
EB	Die Heilige Schrift in deutscher Übersetzung: »Echter Bibel«
EHS.T	Europäische Hochschulschriften. Theologie
EtB	Études bibliques
EThSt	Erfurter theologische Studien
FRLANT	Forschungen zur Religion und Literatur des AT/NT
FTS	Frankfurter theologische Studien
FzB	Forschung zur Bibel
GeiS	Geistliche Schriftlesung
GTA	Göttinger theologische Arbeiten
HAW	Handbuch der Altertumswissenschaft
HC	Hand-Commentar z. NT
HNT	Handbuch zum NT
HSNT	Die Heilige Schrift des NT
HThK	Herders theologischer Kommentar zum NT
HUTh	Hermeneutische Untersuchungen zur Theologie
ICC	International critical commentary
JAC	Jahrbuch für Antike und Christentum

JBL	Journal of biblical literature
JETS	Journal of evangelical theological society
JThS	Journal of theological studies
KBANT	Kommentare und Beiträge zum AT und NT
KEK	Kritisch-exegetischer Kommentar über das NT
KNT	Kommentar zum NT
LeDiv	Lectio divina
LingBibl	Linguista Biblica
LThK	Lexikon für Theologie und Kirche
MNTC	Moffatt New Testament commentary
MSSNTS	Monograph series. Society for NT studies
MThSt	Marburger Theologische Studien
MThS.H	Münchener theologische Studien – Historische Abt.
NEB	Die Neue Echter Bibel
NIC	New international commentary on the New Testament
NT	Novum Testamentum
NTA	NT Abhandlungen
NTD	Neues Testament Deutsch
NIGTC	New International Greek Testament Commentary
NT.S	Novum Testamentum.Suppl.
NTS	New testament studies
ÖBS	Österreichische Biblische Studien
ÖTK	Ökumenischer Taschenbuch-Kommentar
Past	Pastoralbriefe
PThMS	Pittsburgh theological monograph series
QD	Quaestiones disputatae
RNT	Regensburger NT
RStTh	Regensburger Studien zur Theologie
SB (PC)	Sainte bible. (l. Pirot – A. Clamer)
SBL	Studies of Biblical Literature
SBM	Stuttgarter biblische Monographien
SBS	Stuttgarter Bibelstudien
SHAW	Sitzungsberichte der Heidelberger Akademie der Wissenschaften
SKK	Stuttgarter Kleiner Kommentar
SN.S	Studia neotestamentica. Subsidia
SNTU	Studien zum NT und seiner Umwelt
SRBib	Supplementi alla Rivista Biblica
StANT	Studien zum AT und NT
StNT	Studien zum NT
StUNT	Studien zur Umwelt d. NT
ThF	Theologische Forschung
ThEx	Theologische Existenz heute
ThGl	Theologie und Glaube
ThHK	Theologischer Handkommentar zum NT
ThLZ	Theologische Literatur-zeitung
ThPh	Theologie und Philosophie
ThQ	Theologische Quartalschrift
ThR	Theologische Rundschau
ThWNT	Theologisches Wörterbuch zum NT
ThZ	Theologische Zeitschrift
TNTC	Tyndale New Testament commentaries
TRE	Theologische Realenzyklopädie
TThST	Trierer theologische Studien
TU	Texte u. Untersuchungen zur Geschichte der altchristlichen Literatur
WB	Welt der Bibel
WdF	Wege der Forschung
WMANT	Wissenschaftliche Monographien zum AT und NT
WSB	Wuppertaler Studienbibel
WUD	Wort und Dienst
WUNT	Wissenschaftliche Untersuchungen zum NT
ZBK	Züricher Bibelkommentar
ZNW	Zeitschrift für die neutestamentliche Wissenschaft
ZSTh	Zeitschrift für systematische Theologie
ZThK	Zeitschrift für Theologie und Kirche